区块链、数字经济与实体产业重构

罗伟钊　编著

U0365828

化学工业出版社

·北京·

内容简介

《区块链、数字经济与实体产业重构》是一本区块链、数字经济应用入门级读物，由导读（数字驱动，智能发展）和两大部分组成。第一部分详细论述区块链与区块链技术，包括区块链概述、区块链的发展、区块链服务于实体产业三方面内容；第二部分详细论述数字经济与通证技术，包括数字经济概述、新基建助力数字经济、数字技术赋能产业经济、通证经济、金融科技。

本书去理论化，简单易懂，全面系统地涵盖了区块链、数字经济与实体产业重构的相关知识，适合区块链、数字经济与实体产业重构相关领域和对该领域感兴趣的读者阅读，也适合大中专院校的老师、学生以及科普机构等相关人员学习参考。

图书在版编目（CIP）数据

区块链、数字经济与实体产业重构/罗伟钊编著.
一北京：化学工业出版社，2021.1（2022.1重印）
ISBN 978-7-122-38003-6

Ⅰ.①区… Ⅱ.①罗… Ⅲ.①区块链技术②信息经济 Ⅳ.①F713.361.3②F49

中国版本图书馆CIP数据核字（2020）第230166号

责任编辑：陈 蕾　　　　　　　　　装帧设计：尹琳琳
责任校对：刘 颖

出版发行：化学工业出版社（北京市东城区青年湖南街13号　邮政编码100011）
印　　装：涿州市般润文化传播有限公司
787mm×1092mm　1/16　印张12$\frac{1}{2}$　字数245千字　2022年1月北京第1版第2次印刷

购书咨询：010-64518888　　　　　　售后服务：010-64518899
网　　址：http://www.cip.com.cn
凡购买本书，如有缺损质量问题，本社销售中心负责调换。

定　　价：58.00元

前言

当前，以互联网、5G、人工智能、大数据、云计算、区块链等为代表的现代信息技术日新月异，新一轮科技革命和产业变革蓬勃推进，智能产业快速发展，对经济发展、社会进步、全球治理等方面产生重大而深远的影响。

2020年9月11日，以"数字驱动，智能发展"为主题的2020世界数字经济大会暨第十届智慧城市与智能经济博览会在浙江宁波举行。来自全球各地的著名经济学家、科学家和数字经济知名专家、企业家围绕数字经济领域的前沿趋势、最新动态、前沿研究、最新技术、发展导向等内容发表主旨演讲。同时，大会期间主办方以线上线下联动的方式举办论坛会议、展览展示、数字经济暨智慧城市体验日、成果发布等十大活动，打造以数字经济展示交流合作的国际大平台。

与往年不同，本届大会以线上线下联动方式举办。线下方面，本届智博会设置了数字经济综合馆、智能制造馆、智慧城市馆和数字技术馆四个展馆，汇聚了近300家国内外数字经济企业(机构)集中参展，涉及5G、人工智能、大数据、云计算、区块链等领域的一批新技术、新产品、新成果精彩亮相。线上方面，本届智博会主动顺应数字展会新趋势，打造了"甬上云展"全新平台，拓展线下展示时空边界、突破线下交流对接壁垒，积极培育数字经济、智慧城市展览展示和创新发展的新生态。

当前，数字技术与经济社会各个领域深度融合，数字经济因其具有培育经济新形态、构筑竞争新优势的重要作用，受到世界各国的青睐。"十三五"以来，我国在数字技术领域从"跟跑"发展到"并跑"，在一些领域甚至实现了"领跑"，数字经济得到了迅速发展，企业广泛受益，人民普遍受惠。

与此同时，与数字信息技术相关的产业的比重也显著提高，数字化正在成为我国产业结构的一个显著特征。具体来看，数字信息技术产业正在成为我国国民经济的支柱产业，消费互联网的迅猛发展激发了数字消费的巨大潜力，产业互联网构建了互联互通的平台并助力传统产业数字化升级改造。数字经济的发展不仅为经济增长提供了新的动力，而且为产业数字化升级改造提供了强大动能。

《区块链、数字经济与实体产业重构》是一本区块链、数字经济应用入门级读物，由导读（数字驱动，智能发展）和两部分组成。第一部分：区块链与区块链技术，包括区块链概述、区块链的发展、区块链服务于实体产业相关内容；第二部分：数字经济与通证技术，包括数字经济概述、新基建助力数字经济、数字技术赋能产业经济、通证经济、金融科技。

本书提供了大量的案例，但案例是为了佐证区块链、数字经济在实体产业重构的应用，概不构成任何广告；在任何情况下，本书中的信息或所表述的意见均不构成对任何人的投资建议；同时，本书中的信息来源于已公开的资料，作者对相关信息的准确性、完整性或可靠性做尽可能的追索。

本书去理论化，简单易懂，全面系统地涵盖了区块链、数字经济与实体产业重构的相关知识，适合区块链、数字经济与实体产业重构相关领域和对该领域感兴趣的读者阅读，也适合大中专院校的老师、学生以及科普机构等相关人员学习参考。

由于笔者水平有限，加之时间仓促，书中难免出现疏漏与缺憾，敬请读者批评指正。本书能付梓出版，特别鸣谢我的导师李柏思先生，他为我的写作提出了许多真知灼见，同时在事业上也予以鼓励和帮扶，在此，深深地向李柏思先生表示感谢。

编著者

目录

01

第一部分　区块链与区块链技术

02

第二部分　数字经济与通证技术

第七章　通证经济 ………………………………………………………………… 157

第八章　金融科技 ………………………………………………………………… 180

导读
数字经济赋能实体产业

2020年9月11日，以"数字驱动，智能发展"为主题的2020世界数字经济大会暨第十届智慧城市与智能经济博览会在浙江宁波举行。与往年不同，本届大会是以线上线下联动的方式举办。线下方面，涉及5G、人工智能、大数据、云计算、区块链等领域的一批新技术、新产品、新成果精彩亮相。线上方面，本届智博会主动顺应数字展会新趋势，打造了"甬上云展"全新平台，拓展线下展示时空边界、突破线下交流对接壁垒，积极培育数字经济、智慧城市展览展示和创新发展的新生态。

一、区块链与实体产业

区块链技术是全球新一轮技术变革的中坚力量之一，具备分布式、去信任、不可篡改、价值可传递和可编程等特性，其集成应用在新的技术革新和产业变革中起着重要作用。全球主要国家都在加快布局区块链技术发展，未来，区块链技术的研究和应用将极大地关系到国家的核心竞争力。

现在区块链已经上升到非常高的高度，将同当前经济发展趋势相适应。目前，全球经济从后工业时代向数字经济时代转变，依靠传统工业和流量时代的互联网遇到了瓶颈，信息互联网开始向价值互联网转移，数字经济的趋势不可逆转，而区块链正是数字经济的核心基础，它的春天已经来了。而这个"春天"，不是比特币，也不是以太坊，而是新技术与产业结合的"区块链"，也就是说，区块链作为一项新技术，其最终要为产业赋能，创造新价值。

如果把比特币看作区块链最早期的1.0时代的应用的话，能运营小程序的以太坊是区块链的2.0时代，区块链和产业的密切结合则属于3.0时代。区块链应用发展如图0-1所示。

2019年是区块链行业发展里程碑式的一年；2020年，区块链不仅在政策方面得到更多支持和认可，在新型冠状病毒（以下简称"新冠"）肺炎疫情期间，区块链在与实体产业结合上也迈上了一个新的台阶。

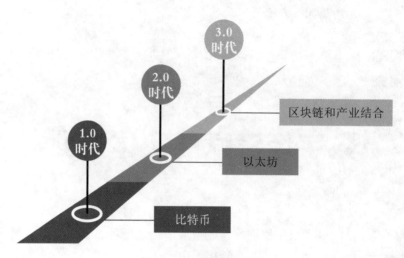

图 0-1　区块链应用发展

在疫情期间，应用区块链技术开发的应用案例包括区块链+医疗、区块链+慈善公益、区块链+政务办公、区块链+金融、区块链+信息传播、区块链+供应链等领域。

比如，中国联通研究院联合联通多家单位利用区块链技术的防篡改、多节点同步等优势，研发出全国首个"基于区块链的企业复工复产备案申报平台"；抹链科技与司法领域IT服务商合作，搭建区块链存证服务平台，推动相关业务全流程线上AI+区块链化；在金融领域，区块链技术通过去中心化、防篡改和高透明的方式让金融系统极大地降低成本，据统计，区块链技术在支付清算、票据与供应链、信贷融资、金融交易、证券、保险等金融细分领域均有落地应用。

二、数字经济与实体产业

近年来，"数字经济"成为经济活动和社会生活中的一个热词，以互联网、物联网、大数据、人工智能等新技术为代表的数字经济，在不断发展中迸发出引领时代的巨大能量，在抗击新型冠状肺炎疫情的过程中更凸显了数字经济的重要性。据中国信通院发布《中国数字经济发展白皮书（2020）》报告显示：中国数字经济增加值规模已由2005年的2.6万亿元，扩张到2019年的35.8万亿元，数字经济占GDP比重已提升到36.2%，在国民经济中的地位进一步凸显。中商产业研究院预测，2020年我国数字经济增加值规模将突破40万亿元大关。如图0-2所示。

当前，数字技术与经济社会各个领域深度融合，数字经济因其具有培育经济新形态、构筑竞争新优势的重要作用，受到世界各国的青睐。"十三五"以来，我国在数字技术领域从"跟跑"发展到"并跑"，在一些领域甚至实现了"领跑"，数字经济得到了迅速发展，企业广泛受益，人民普遍受惠。

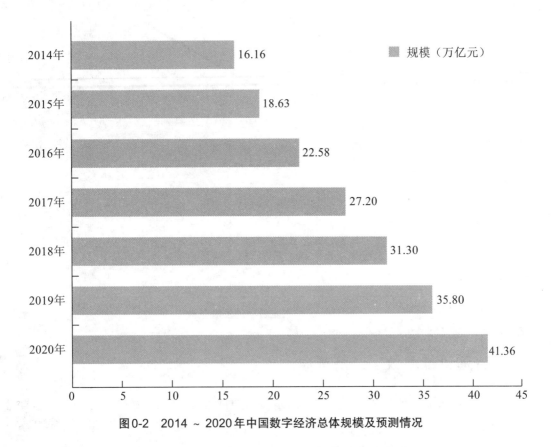

图0-2　2014～2020年中国数字经济总体规模及预测情况

　　与此同时，与数字信息技术相关的产业的比重也显著提高，数字化正在成为我国产业结构的一个显著特征。具体来看，数字信息技术产业正在成为我国国民经济的支柱产业，消费互联网的迅猛发展激发了数字消费的巨大潜力，产业互联网构建了互联互通的平台并助力传统产业数字化升级改造。数字经济的发展不仅为经济增长提供了新的动力，而且为产业数字化升级改造提供了强大动能。

　　数字经济是在数字技术领域的产业革命与制度创新基础上逐步发展的，是新技术、新产品、新业态、新模式的综合体现，其在支撑基础、技术特征、组织结构与产业组织等方面都展现出独特优势。特别是在受到新冠肺炎疫情冲击的背景下，数字经济展现出强大的抗冲击能力和发展韧性，并在维持消费、保障就业、稳定市场等方面发挥了积极作用。

　　比如，"大智移云网"能有效推动科技抗疫，为企业顺利复工复产保驾护航；线上消费服务呈现大幅增长态势，有效对冲了疫情对实体经济活动的影响。

　　数字世界与物理世界无缝衔接，融为一体。"数实融合"正在成为智能经济、智慧生活的发动机。

　　随着数字世界与实体世界的融合，生产生活都在被数字化重塑。未来，纯粹的"线下生活"和"传统产业"可能将不复存在，具体表现如图0-3所示。

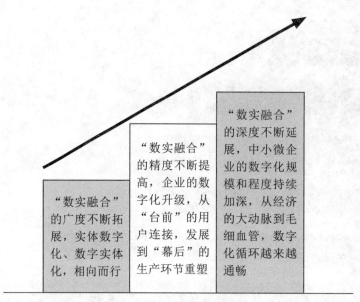

图0-3 "数实融合"的发展趋势

三、通证推动数字经济革命

伴随着区块链技术的流行,通证(Token)成为互联网上日趋流行的关键词。众所周知,在区块链经济中,通证承担了非常重要的角色,不过很多人对通证误解很大,将其仅仅作为货币数字化的一种形式。事实上,通证作为一种可流通的加密数字凭证,拥有比数字化货币更加广泛的概念内涵和外延,而且通证的应用也是整个数字经济在未来发展的重要场景与核心应用。

这不仅是因为区块链技术在金融领域的应用需要通证的作用,更因为其在改造其他实体经济中对通证权益的应用,就是对实体经济进行数字化的重要方式。

具体来说,通证经济会在如图0-4所示的四个方面掀起新一轮数字经济革命。

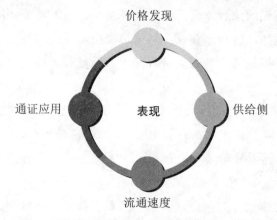

图0-4 通证经济掀起新一轮数字经济革命的表现

1.价格发现

由于通证高速流转和交易，每一个通证的价格都将在市场上获得迅速的确定，这个就是通证经济看不见的触手，相对于当日的市场价格讯号要更灵敏甚至是精细几百几千倍，把有效市场甚至完美市场推到每一个微观领域中。

2.供给侧

通证的供给充分市场化，高度自由，任何人、任何组织、任何机构都可以基于自己的资源和服务能力发行权益证明，而且通证是运行在区块链上，随时可验证、可追溯、可交换，其安全性、可信性、可靠性是以前任何方式都达不到的。

3.流通速度

区块链上的通证可以比以前的卡、券、积分、票的流转快几百几千倍，而且由于密码学的应用，这种流转和交易极其可靠，纠纷和摩擦将大幅降低。

4.通证应用

围绕通证的智能合约应用，可以激发出千姿百态的创新，它创造的创新机遇、掀起的创新浪潮，将远远超过先前计算机和互联网时代的总和。

资讯平台

2020年9月12日上午，由蓝源产城集团与宁波保税区管委会共同成立的通证经济产业园在大会上正式签约。

这是一个以区块链、通证、大数据深度融合的数字经济产业园，同时，这也是蓝源资本以"特色产业链＋互联网＋金融资本"创新模式在通证经济领域的最新应用和尝试。

宁波保税区通证经济产业园的成立，是区块链技术产业应用的重大方向，区块链＋通证经济将改变现有商业模式和社会关系，通证经济将会改变生产关系与提高生产效率。

第一部分
区块链与区块链技术

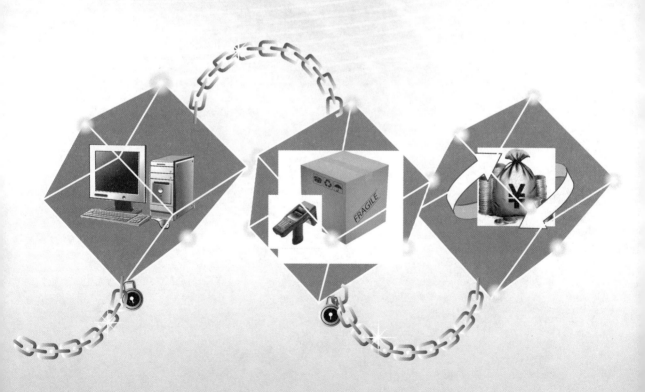

第一章

区块链概述

阅读指引

　　区块链是一个信息技术领域的术语。从本质上讲，它是一个共享数据库，存储于其中的数据或信息，具有"不可伪造""全程留痕""可以追溯""公开透明""集体维护"等特征。基于这些特征，区块链技术奠定了坚实的"信任"基础，创造了可靠的"合作"机制，具有广阔的运用前景。

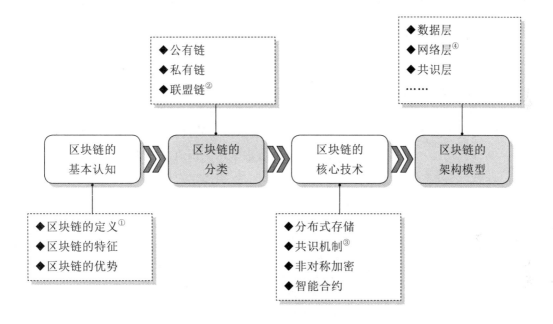

图示说明如下。

　　① 从区块链"用途"的角度出发，区块链可以这样定义：区块链是基于密码学共识算法、分布式数据存储和去中心化管理的经济体系。

　　② 联盟链是介于公有链与私有链之间的一种系统形态，它往往由多个中心控制。从使用对象来看，联盟链仅限于联盟成员参与，联盟规模可以大到国与国之间，也可以是不同的机构企业之间。

　　③ 区块链作为一种按时间顺序存储数据的数据结构，可支持不同的共识机制。共识机制是区块链技术的重要组件。

　　④ 网络层类似于四大核心技术中的分布式存储，主要是点对点机制、数据传播机制和数据验证机制。

第一节　区块链的基本认知

当前，信息技术发展驶向高速，浪潮迭起，区块链已成为万物互联时代的入口，新技术的运转离不开数据的生成、传递、存储等，数据作为核心要素，数据共享对各行业释放的巨大价值有目共睹。

一、区块链的定义

目前来说，区块链的定义是多种多样的，其解释也五花八门，目前还没有一个标准的定义。在此，我们从不同的角度来定义和解释区块链。

1.从"字面"角度定义

从区块链"字面"的角度定义：区块链在数据传输的过程中，数据会被打包到一起，形成一个个数据块（区块），每个区块记录着数据账本。也可以说账本的每一页就是一个区块。把这些数据区块按照时间顺序连在一起，就形成了"区块+链"的网络结构。这个网络结构，就是区块链（Blockchain）。如图1-1所示。

图1-1　从"字面"角度定义区块链

2.从"技术"角度定义

从区块链"技术"组成的角度定义：区块链技术是一个点对点网络传输技术，由用户共同创建和管理的一个不可篡改、去中心化、分布式记账的数据库系统。该数据库通过哈希索引形成一种可追溯的链状结构数据的记录（分布式账本），并通过密码学技术来保护其无法篡改。如图1-2所示。

3.从"用途"的角度定义

从"用途"的角度定义区块链，更容易找到区块链的本质。假设我们把"飞机"定义为：飞机是由机头、机身和机尾组成的机器。或者说，飞机是由钢铁、发动机、电子

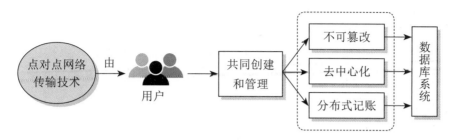

图1-2 从"技术"角度定义区块链

设备等部件构成的机器。这样定义"飞机",并没说清楚"飞机"是做什么用的?换个说法,飞机是一种空中交通运输工具。这样的定义或许更简单、易懂。

从区块链"用途"的角度出发,区块链可以这样定义:区块链是基于密码学共识算法、分布式数据存储和去中心化管理的经济体系。区块链的本质是密码学共识或密码学算法,是一个去中心化的分布式账本数据库。密码共识主要是指非对称加密技术共识和分布式数据共享的共识。如图1-3所示。

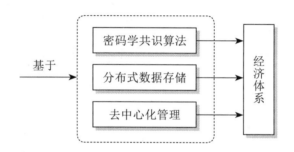

图 1-3 从"用途"的角度定义区块链

二、区块链的特征

区块链具有图1-4所示的特征。

图1-4 区块链的特征

1.去中心化

区块链由于使用分布式核算和存储，不存在中心化的硬件或管理机构，任意节点的权利和义务都是均等的，系统中的数据块由整个系统中具有维护功能的节点来共同维护。

2.开放性

系统是开放的，除了交易各方的私有信息被加密外，区块链的数据对所有人公开，任何人都可以通过公开的接口查询区块链数据和开发相关应用，因此整个系统信息高度透明。

3.自治性

区块链采用基于协商一致的规范和协议（比如一套公开透明的算法）使得整个系统中的所有节点能够在去信任的环境自由安全地交换数据，使得对"人"的信任改成了对机器的信任，任何人为的干预都不起作用。

4.信息不可篡改性

一旦信息经过验证并添加至区块链，就会永久的存储起来，除非能够同时控制住系统中超过51%的节点，否则单个节点上对数据库的修改是无效的，因此区块链的数据稳定性和可靠性极高。

区块链技术从根本上改变了中心化的信用创建方式，通过数学原理而非中心化信用机构来低成本地建立信用，出生证、房产证、婚姻证等都可以在区块链上进行公证，拥有全球性的中心节点，变成全球都信任的东西。

5.匿名性

由于节点之间的交换遵循固定的算法，其数据交互是无需信任的（区块链中的程序规则会自行判断活动是否有效），因此交易对手无须通过公开身份的方式让对方对自己产生信任，这对信用的累积非常有帮助。

相关链接 ‹

一问一答解析"什么是区块链"

问：什么叫区块链？

答：其实区块链是分布式数据存储、点对点传输、共识机制、加密算法等计算机技术的新型应用模式。所谓共识机制是区块链系统中实现不同节点之间建立信任、获取权益的数学算法。

问：还是没听懂。

答：听不懂没关系，我们可以有以下理解。

现有买家、卖家和第三方平台某宝，现如今的网络购物流程是：买家将钱付给第三方平台某宝，某宝在买家付款后卖家将商品发给买家，买家收到商品确认收货后，某宝才将钱转给卖家，这样一来通过第三方平台某宝，买卖双方的交易算是顺利完成了。

但是这种通过第三方平台进行的交易也是有风险的，假如有一天黑客攻击了某宝，某宝系统彻底崩溃，由于没有某宝这个第三方平台，买卖双方无法建立信任，再也无法进行交易。

问：那没有了某宝买卖双方怎样才能继续进行交易？

答：这个时候就需要能去中心化的区块链技术了。区块链采用分布式记账原理，你的每一次交易将会有无数个人帮你记账，在没有第三方的情况下保证交易的正常进行。

问：啊？那不是我的所有信息都暴露了？

答：其实不用担心，区块链会运用哈希技术对你的身份信息进行加密处理，使得记账的人并不能看到你的个人信息。

问：那万一账本被别人修改了怎么办？

答：一旦信息经过验证并添加至区块链就会被盖上"时间戳"，永久地被存储起来，除非你能控制全世界50%以上的电脑，否则无法修改账本。

问：那未来区块链是不是就可以代替某宝了？

答：不仅如此，区块链技术还可以运用到各个领域呢。

传统意义上，一头牛经过农场养殖再到加工运输流向市场最终到达人们的餐桌，而牛肉供应链的各个环节都有可能造假，那区块链如何解决这个问题呢？区块链按照时间轴来记录数据。牛在哪里养殖的，在哪个屠宰场宰杀，在哪个加工厂加工，不管是通过飞机、火车、货车，都会被区块链记录下来，假如某个地区出现了口蹄疫，通过区块链技术能够轻松获得关键数据，精确快速追踪有问题的肉类来源以及销往地区，可以快速处理市场上有问题的食品。

与此同时在数据隐私保护方面也有巨大突破，除此之外区块链技术在教育、政治、经济、军事等方面都有着巨大的发展潜力，被誉为是继大型机、个人电脑、互联网、移动社交网络之后计算机范式的第五次颠覆性创新。

三、区块链的优势

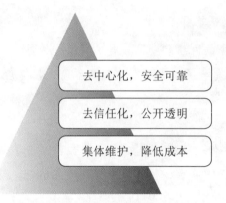

图1-5　区块链的优势

区块链的基本思想是建立一个基于网络的公共账本（数据区块），每一个区块包含了一次网络交易的信息。

由网络中所有参与的用户共同在账本上记账与核账，所有的数据都是公开透明的，且可用于验证信息的有效性。这样，不需要中心服务器作为信任中介，就能在技术层面保证信息的真实性和不可篡改性。

相比于传统的中心化方案，区块链技术主要有图1-5所示的三个优点。

1. 去中心化，安全可靠

与传统网络系统对比，区块链最大特性是去中心化。在区块链系统中，整个网络没有中心化的硬件或者管理机构，任意节点之间的权利和义务都是均等的，所有的节点都有能力用计算能力投票，从而保证了得到承认的结果是过半数节点公认的结果。即使遭受严重的黑客攻击，只要黑客控制的节点数不超过全球节点总数的一半，系统就依然能正常运行，数据也不会被篡改。

2. 去信任化，公开透明

传统的交易建立在信任的基础之上，尽管信任中介获取了大量信息，但是从中流出的、披露的信息却极为有限，导致大量数据被浪费和隐藏。参与区块链系统的每个节点之间进行数据交换则无需互相信任。

在区块链系统中，因为整个系统的运作规则是透明的，所有的数据内容也是公开的，因此在系统指定的规则范围和时间范围内，节点之间不能也无法相互欺骗。

3. 集体维护，降低成本

在中心化网络体系下，系统的维护和经营依赖于数据中心等平台的运行、维护和经营，成本不可省略。

区块链则构建了一整套协议机制，系统中的数据块由整个系统中所有具有维护功能的节点来共同维护。这些具有维护功能的节点是任何人都可以参与的，每一个节点在参与记录的同时也来验证其他节点记录结果的正确性，维护效率提高，成本降低。

相关链接

区块链的相关术语

序号	相关术语	具体解释
1	51%攻击（51% Attack）	当一个单一个体或者一个组拥有超过一半的计算能力时，这个个体或组就可以控制整个加密货币网络，如果他们有一些恶意的想法，他们就有可能发出一些冲突交易来损坏整个网络
2	地址（Address）	加密货币地址用于在网络上发送或接收交易，地址通常表示为数字字符
3	专用集成电路（ASIC）	通常，与GPU相比，ASIC专门用于挖矿，可能会节省大量能源
4	比特币（Bitcoin）	Bitcoin是在全球对等网络上运行的第一个去中心化开放源代码的加密货币，不需要中间商和集中式发行商
5	区块（Block）	是在区块链网络上承载永久记录数据的数据包
6	创世区块（Genesis Block）	区块链的第一个区块
7	区块资源管理器（Block Explorer）	是一种用来查看区块上所有交易（过去和当前）的在线工具。它们提供有用的信息，如网络哈希率和交易增长率
8	区块高度（Block Height）	连接在区块链上的块数
9	积分奖励（Block Reward）	它是在采矿期间成功计算区块中哈希的矿工的一种激励形式。在区块链上的交易验证的过程中产生新的币，并且矿工被奖励其中的一部分
10	中央账簿（Central Ledger）	由中央机构维持的分类账
11	共识（Consensus）	当所有网络参与者同意交易的有效性时，达成共识，确保分布式账本是彼此的精确副本
12	加密货币（Cryptocurrency）	也称为令牌，加密货币是数字资产的呈现方式
13	加密哈希函数（Cryptographic Hash Function）	密码哈希产生从可变大小交易输入固定大小和唯一哈希值。SHA-256计算算法是加密散列的一个例子
14	去中心化应用程序（Dapp）	是一种开源的应用程序，自动运行，将其数据存储在区块链上，以密码令牌的形式激励，并以显示有价值证明的协议进行操作

续表

序号	相关术语	具体解释
15	中心化自治组织（DAO）	可以被认为是在没有任何人为干预的情况下运行的公司，并将一切形式的控制交给一套不可破坏的业务规则
16	分布式账本（Distributed Ledger）	分布式账本，数据通过分布式节点网络进行存储。分布式账本不是必须具有自己的货币，它可能会被许可和私有
17	分布式网络（Distributed Network）	处理能力和数据分布在节点上而不是拥有集中式数据中心的一种网络
18	容易程度（Difficulty）	指成功挖掘交易信息的数据块的容易程度
19	数字加密（Digital Signature）	通过公钥加密生成的数字代码，附加到电子传输的文档以验证其内容和发件人的身份
20	双重支付（Double Spending）	当花费一笔钱多于一次支付限额时，就会发生双重支付
21	以太坊（Ethereum）	是一个基于区块链的去中心化运行智能合约的平台，旨在解决与审查欺诈和第三方干扰相关的问题
22	以太坊虚拟机（EVM）	是一个图灵完整的虚拟机，允许任何人执行任意EVM字节码。每个Ethereum节点都运行在EVM上，以保持整个块链的一致性
23	分支（Fork）	分支可以创建区块链的交叉版本，在网络不同的地方兼容的运行两个区块链
24	硬分支（Hard Fork）	一种使以前无效的交易有效的分支类型，反之亦然。这种类型的分支需要所有节点和用户升级到最新版本的协议软件
25	软分支（Soft Fork）	软分支与硬分支不同之处在于，只有先前有效的交易才能使其无效。由于旧节点将新的块识别为有效，所以软分支基本上是向后兼容的。这种分支需要大多数矿工升级才能执行，而硬分支需要所有节点就新版本达成一致
26	哈希（Hash）	对输出数据执行散列函数的行为。这是用于确认货币交易
27	哈希率（Hash Rate）	采矿钻机的性能测量值以秒为单位表示
28	工作证明——PoW（Proof of Work）	PoW是指获得多少货币，取决于你挖矿贡献的工作量，电脑性能越好，分给你的矿就会越多
29	股权证明——PoS（Proof of Stake）	PoS是根据你持有货币的量和时间进行利息分配的制度，在PoS模式下，你的"挖矿"收益正比于你的币龄，而与电脑的计算性能无关

续表

序号	相关术语	具体解释
30	混合 PoS/PoW（Hybrid PoS/PoW）	混合 PoS/PoW 可以将网络上的共享分发算法作为共享证明和工作证明。在这种方法中，可以实现矿工和选民（持有者）之间的平衡，由内部人（持有人）和外部人（矿工）创建一个基于社区的治理体系
31	挖矿（Mining）	是验证区块链交易的行为。验证的必要性通常以货币的形式奖励给矿工。在这个密码安全的繁荣期间，当正确完成计算，采矿可以是一个有利可图的业务。通过选择最有效和最适合的硬件和采矿目标，采矿可以产生稳定的被动收入形式
32	多重签名（Multi-Signature）	多重签名地址需要一个以上的密钥来授权交易，从而增加了一层安全性
33	节点（Node）	由区块链网络的参与者操作的分类账的副本
34	数据库（Oracles）	Oracles 通过向智能合约提供数据，它现实世界和区块链之间的桥梁
35	点对点（Peer to Peer）	对等（P2P）是指在高度互联的网络中，双方之间的去中心化互动或更多的互动。P2P 网络的参与者通过单个调解点直接相互协商
36	公用地址（Public Address）	公共地址是公钥的密码哈希值。它们作为可以在任何地方发布的电子邮件地址，与私钥不同
37	私钥（Private Key）	私钥是一串数据，它是允许您访问特定钱包中的令牌。它们作为密码，除了地址的所有者之外，都被隐藏
38	Scrypt	Scrypt 是一种由 Litecoin 使用加密算法。与 SHA256 相比，它的速度更快，因为它不会占用很多处理时间
39	SHA-256	SHA-256 是比特币一系列数字货币使用的加密算法。然而，它使用了大量的计算能力和处理时间，迫使矿工组建采矿池以获取收益
40	智能合约（Smart Contracts）	智能合约将可编程语言的业务规则编码到区块上，并由网络的参与者实施
41	Solidity	Solidity 是 Ethereum 用于开发智能合约的编程语言
42	Testnet	开发商使用的测试区块链，它主要是用来防止改变在主链上的资产
43	交易区块（Transaction Block）	聚集到一个块中的交易的集合，然后可以将其散列并添加到区块链中
44	手续费（Transaction Fee）	所有的加密货币交易都会涉及一笔很小的手续费。这些手续费用加起来给矿工在成功处理区块时收到的区块奖励

续表

序号	相关术语	具体解释
45	图灵完成 （Turing Complete）	图灵完成是指机器执行任何其他可编程计算机能够执行计算的能力，一个例子是Ethereum虚拟机（EVM）
46	钱包 （Wallet）	一个包含私钥的文件。它通常包含一个软件客户端，允许访问、查看和创建钱包所设计的特定块链的交易

第二节　区块链的分类

根据准入和开放的程度或者制度的不同，可将区块链分成公有链、私有链、联盟链三个类别。其中公有链对所有人开放，任何人都可以参与；私有链只对特定个人或机构开放；联盟链只对联盟成员开放全部或部分功能。如图1-6所示。

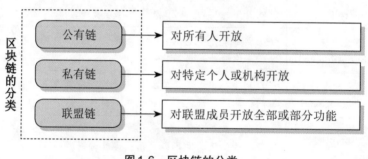

图1-6　区块链的分类

一、公有链

所谓公有链，就是任何人都可以参与使用和维护，如比特币区块链，信息是完全公开的；世界上任何个体或者团体都可以发送交易，且交易能够获得该区块链的有效确认，任何人都可以参与其共识过程。公有链可以说是最早出现在人们视线范围的区块链，同时也是应用范围比较广的区块链。

公有链是完全去中心化的，任何人都能读取和发送交易，且交易能够在区块链上得到有效的确认，任何人都可参与其中的共识过程。公有链的各个节点可以自由加入和退出网络，各节点之间的拓扑关系是扁平的。

公有区块链的特点如图1-7所示。

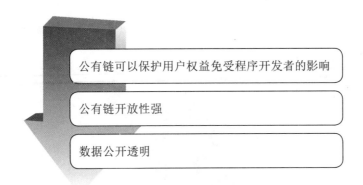

图1-7　公有区块链的特点

1.保护用户权益免受程序开发者的影响

在公有链中程序的开发者没有权力干涉用户，所以区块链用户权益更容易得到保护。

2.公有链开放性强

在公有链上，任何用户都可建立自己的应用，从而产生一定程度的网络效应。任何满足一定技术条件的人都可以访问，也就是说，只要有一台能够联网的计算机就能够满足访问的条件。

3.数据公开透明

公有链上的所有数据都是默认公开的，在这里，每个参与者都可以看到系统中所有的账户余额和交易活动，也就是所谓的公开透明的分布式"总账"系统。不过，区块链的匿名性让参与者能够隐藏现实世界中的真实身份，从而找到了公开信息与个人隐私保护之间的一个平衡。

小看点

　　用现实来类比，公有区块链可能就像我们所处的大自然或者宇宙，人人都在其中，没有或者尚未发现任何主导的中心力量。

二、私有链

私有链强调的是比较私密，也就是写入权限在一个组织机构和单位手中，主要用于大型机构的内部，由机构进行中心化的控制，但不同分布和分支机构之间是去中心化协同协作的。主要用于改善大型机构内部的运营流程，保证数据的安全，防篡改可追溯等。私有链具有图1-8所示的特点。

图1-8　私有链的特点

1.交易速度快

一个私有链的交易速度可以比任何其他的区块链都快，甚至接近了并不是一个区块链的常规数据库的速度。这是因为就算少量的节点也都具有很高的信任度，并不需要每个节点来验证一个交易。

2.隐私性好

能更好地保障私有链使其所在区块链上的数据隐私政策像在数据库中似的；不用处理访问权限和使用所有的老办法，但至少说，这个数据不会公开地被拥有网络连接的任何人获得。

3.交易成本低

交易成本大幅降低甚至为零，私有链上可以进行完全免费或者较为廉价的交易。如果一个实体机构控制和处理所有的交易，那么他们就不再需要为工作而收取费用。

小看点

跟现实类比，私有链就像私人住宅一样，一般都是个人使用。在法律上，擅闯民宅是犯法的。而侵入私有链，就像黑客入侵数据库一样。

三、联盟链

联盟链是介于公有链与私有链之间的一种系统形态，它往往由多个中心控制。由若干组织一起合作维护一条区块链，该区块链的使用必须是带有权限的限制访问，相关信息会得到保护，如供应链机构或银行联盟。联盟链的本质是分布式托管记账系统，系统由组织指定的多个"权威"节点控制，这些节点之间根据共识机制对整个系统进行管理与运作。

从使用对象来看，联盟链仅限于联盟成员参与，联盟规模可以大到国与国之间，也可以是不同的机构或企业之间。

联盟链具有图1-9所示的特点。

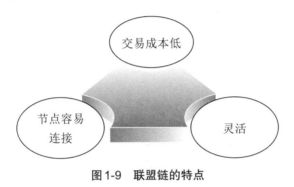

图1-9　联盟链的特点

1.交易成本低

交易只需被几个受信的高算力节点验证就可以了，无需全网确认。

2.节点容易连接

若是出了问题，联盟链可以迅速通过人工干预来修复，并允许使用共识算法减少区块时间，从而更快地完成交易。

3.灵活

如有需要的话，运行私有区块链的共同体或公司可以很容易地修改该区块链的规则，如还原交易、修改余额等。

小看点

用现实来类比，联盟链就像各种商会联盟，只有组织内的成员才可以共享利益和资源，区块链技术的应用是为了让联盟成员间彼此更加信任。

第三节　区块链的核心技术

众所周知，区块链之所以能解决信任和安全问题，主要缘于它的四个技术创新，如图1-10所示。

图1-10　区块链的核心技术

一、分布式存储

一般意义上的区块链系统，或者说大多数的公链，它是这样一种分布式系统：系统中的每台计算机都需要存储同样的文件，以保证系统的功能。显而易见，它们是无法提供PB（1PB＝1024TB）级别的存储空间将数据价值保留在上面的。

所以我们需要将数据存储在分布式存储系统中，再通过区块链的结算功能实现数据价值。简单来讲就是将存储部署在分布式存储系统中的同时，将状态留在区块链上，以待之后处理和使用。

这其中，分布式存储是指通过不同的加密方式把数据存储起来，确保数据和链上的账号一一对应，在未来的使用中，利用不同的加密计算工具对数据进行快速的调用和处理，而在数据制造和计算时，都可以做到半匿名的方式。结合区块链来存储数据，在密钥的功能性和本地私密性之外，能够增加额外的处理功能接口，以满足数据分享和计算的需求，从而帮助数据更好地分发和拓展，实现数据的价值。

只有将区块链系统与分布式存储系统这两种系统相结合，而不是单纯地只使用区块链系统，才有可能真正实现数据的价值。

小看点

支持分布式存储的区块链系统能够提供安全的方法存储并使用每个人生产的宝贵数据，并保证用户对其数据的所有权。只有在此基础上，才能进一步通过工具，让用户获得这些属于他的数据的价值。

二、共识机制

区块链作为一种按时间顺序存储数据的数据结构，可支持不同的共识机制。共识机制是区块链技术的重要组件。区块链共识机制的目标是使所有的诚实节点保存一致的区块链视图，同时满足两个性质：即一致性和有效性。

区块链的自信任主要体现于分布于区块链中的用户无须信任交易的另一方或任一个中心化的机构，只需要信任区块链协议即可实现交易，而这种自信任的前提是区块链的共识机制（Consensus）。共识机制可确保系统中的每一个节点中都会自发、诚实地遵守协议中预先设定的规则，判断每一笔记录的真实性，最终将判断为真的记录记入区块链之中。

共识机制是区块链技术的核心，在基本层面上决定了区块链系统的安全性、可扩展性和分布式特性。

目前，较为主流的算法有 PoW、PoS、DPoS、PBFT 等，在实际使用时，每种算法都有各自的优点和缺点。

1.PoW（工作量证明）

PoW（Proof of Work）顾名思义就是工作量的证明，比特币采用的就是这种竞争记账的方法，简单地说就是全网矿工一起去计算一道数学题，最先计算出的矿工获得记账权，矿工工作量（算力）越高获得记账权的概率越高，如工作量全网占比20%、即获得记账权的概率为20%，这个计算过程也就是常说的挖矿。

PoW 工作量常见优点如图1-11所示。

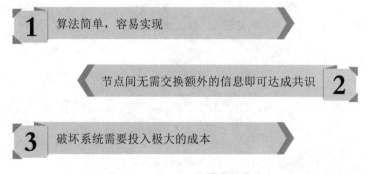

1 算法简单，容易实现

节点间无需交换额外的信息即可达成共识 **2**

3 破坏系统需要投入极大的成本

图1-11　PoW工作量常见优点

但任何共识机制都不可能是完美的，有明显的优点，也会有无法避免的缺点。PoW工作量的缺点如图1-12所示。

1 数据冗余，所有数据都要在所有节点备份一遍

2 消耗能源，现在挖矿约占全球0.13%的电力消耗

3 信息网络延迟，每秒交易在几百笔以内，远远不能支撑大规模应用

4 算力垄断，具备大量算力的机构若掌握超51%算力，则可轻易篡改数据

图1-12　PoW工作量缺点

2.PoS（权益证明）

PoS（Proof of Stake）权益证明机制简单地说就是以持有的Token数量（代币）×持有的时间来分配收益，假设你持有100个币，总共持有了30天，那么，此时你的币龄（也称币天）就为3000，有点类似与公司的股权机制，持股的数量越多、时间越久对应的权益越大。

PoS机制的优点如图1-13所示。

不用像PoW机制一样比拼算力，可避免电力浪费

很难进行51%攻击。因为拥有51%的代币才能发起攻击，有可能攻击网络的只有持币多的用户，持币多的用户也表示自身权益越大，攻击整个网络就是在攻击自己的利益

优点

图1-13　PoS机制的优点

同样，PoS也存在两个缺点，如图1-14所示。

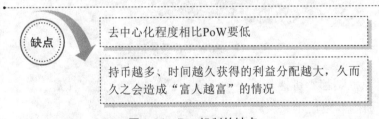

去中心化程度相比PoW要低

持币越多、时间越久获得的利益分配越大，久而久之会造成"富人越富"的情况

缺点

图1-14　Pos机制的缺点

3.DPos（股份授权证明机制）

DPoS（Delegated Proof of Stake）股份授权证明机制是一种新的保障网络安全的共识机制。它在尝试解决传统的PoW机制和PoS机制问题的同时，还能通过实施科技式的民主抵消中心化所带来的负面效应。

股份授权证明机制与董事会投票类似，该机制拥有一个内置的实时股权人投票系统，就像系统在召开一个永不散场的股东大会，所有股东都在这里投票决定公司决策。

基于DPoS机制建立的区块链的去中心化依赖于一定数量的代表，而非全体用户。在这样的区块链中，全体节点投票选举出一定数量的节点代表，由他们来代理全体节点确认区块、维持系统有序运行。

同时，区块链中的全体节点具有随时罢免和任命代表的权力。如有必要，全体节点可以通过投票让现任节点代表失去代表资格，重新选举新的代表，实现实时的民主。

股份授权证明机制可以大大缩小参与验证和记账节点的数量，从而达到秒级的共识验证。然而，该共识机制仍然不能完美解决区块链在商业中的应用问题，因为该共识机制无法摆脱对于代币的依赖，而在很多商业应用中并不需要代币的存在。

DPoS机制的优点是高效，PoW机制的比特币每秒大约能处理7笔交易，而DPoS机制每秒能处理上万笔交易。DPoS机制的缺点和PoS机制差不多，去中心化程度不高。

三、非对称加密

区块链是一种分类账本，节点之间通过共识机制形成共识。这套系统是基于密码学原理而不是基于信用，使得任何达成一致的双方能够直接进行支付，而不需要第三方中介参与。

从密码体制来说，密码加密分为对称加密和非对称加密两大类。如图1-15所示。

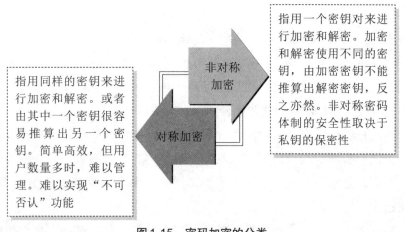

图1-15 密码加密的分类

区块链中使用的就是非对称加密措施。信息发送者用私钥对信息进行签名，使用信息接收方的公钥对信息加密。信息接收方用信息发送者的公钥验证信息发送者的身份，使用自己的私钥对加密信息进行解密。

这种场景需要用到4个密钥，分别是发送者A的私钥和公钥，以及接收者B的私钥和公钥。

比如，发送方A向接收方B发送一封机密信件消息，为了不让消息泄密，并对消息来源进行确认，需与A、B双方协商好，采用非对称加密措施。

第一步：A对写好的信息，用自己的私钥加密。

第二步：第一步的基础上，A再对加密后的消息用B的公钥进行第二次加密。

第三步：A把两次加密的信息通过网络传送给B，在这一过程中，网络上的黑客有可能获取到所发送的消息，也可以获取到A和B的公钥，因为公钥是公开的。但是，上述第二步中使用了B的公钥加密，则必须使用B的私钥来解密。而私钥是不在网络中传送的，黑客无法获取私钥。所以黑客截取了消息也无法阅读信息内容，只能看到一堆乱码。

第四步：B接收到A发来的消息后，使用自己的私钥对消息进行解密，就可以看到消息正文了。但是如何知道看到的消息是来自于A而不是由其他人伪造的呢？

第五步：B使用A的公钥，对第四步解密出来的消息再次进行解密，如果解密成功，则证明消息的确来自于A，否则就是伪造的。因为A的公钥只能解密出经过A的私钥加密的信息，不能解密其他形式的信息。

最终，A和B之间成功完成了消息的加密传输，并且能够确认信息来源是可靠的。

上述过程中，数字签名其实和我们平时的手写签名的作用是一样的，都是用来对信息进行确认，防止信息篡改，使一个实体身份与某个信息捆绑在一起。一个消息的数字签名实际上是一串字符，它依赖于签名者的某个密码，也依赖于被签名的信息本身。

四、智能合约

智能合约（Smart Contract）是一种旨在以信息化方式传播、验证或执行合同的计算机协议。它允许在没有第三方的情况下进行可信交易，并且这些交易可追踪且不可逆转。

将智能合约运行在区块链上，可以保证整个过程公开透明，不可篡改，同时，也能够避免中心化机构的影响，从而使智能合约得以高效运转。

作为一种由自动化脚本代码组成的计算机协议，智能合约的目的在于提供优于传统合约的安全方法，并减少与合约相关的其他交易成本。应用智能合约，可以免去中心化服务器的参与，这意味着能够节省社会资源，同时减少交易步骤、交易时间，而且还能解决信用问题。

在区块链网络中，当一个预先编好的条件被触发时，智能合约会自动执行相应的合同条款。

以Ufile Chain为例，作为一个致力于让个人信息产生价值的诚信档案联盟链平台，Ufile Chain在其底层管理层中加入了智能合约管理。当数据持有者在Ufile Chain上将数据传输给数据需求方时，只要符合智能合约上预设的条款和条件，这笔交易就会被强制执行，由于少了中介的参与，不仅省下了中介费用，同时也降低了信任危机。

由此，可以得出智能合约的两个特点，如图1-16所示。

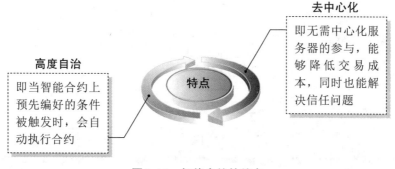

高度自治
即当智能合约上预先编好的条件被触发时，会自动执行合约

去中心化
即无需中心化服务器的参与，能够降低交易成本，同时也能解决信任问题

图1-16 智能合约的特点

 相关链接‹·······

智能合约重构生产关系

在新基建的"洪流"里，只有区块链既是生产力又是生产关系。"人工智能、大数据、云计算、万物互联、5G，都是数字科技，这种数字科技应用在业务上将改变生产力。但区块链本身还是一个可信计算，具有防篡改数据的特点，这种特点更多地体现在一种治理逻辑上，是一个商业模式的升级。"

工业时代带来了规模化生产的重大突破，提高了人类生产效率。同时，也导致了劳资对立的机制性矛盾。区块链有一个功能是智能合约，它可以把传统的企业、管理者和员工之间的对立关系转变成一个共识、共建、共享的新的组织形态。这个组织形态能够突破原来企业的边界，更大范围地运用社会资源。

区块链技术的智能合约允许将相关的商业契约和程序写入相关的协议之中，使得商业化的合约受到算法的限制，可以维护、执行和确认合约的所有工作，在传统商业环境中，这些工作是由法律和财务相关专业人员完成的。在未来数字经济领域，"所有的经济活动都与算法相关联，所以技术契约和商业契约之间需要建立新的规则"。

区块链技术带来的新的经济学将会涉及三方面的变革：由于区块链网络是依赖算

法所运行的智能合约作为基础，那么公司制度就会有新的变化。如果基础组织变化了，产权关系也会产生变化。新的商业逻辑和商业模式会层出不穷。"如果说以往的互联网经济只是从信息层面以及媒介层面改变了人们生活和消费的方式，那么区块链技术将带来传统领域的变革"。

实际上，在区块链世界，DAO（去中心化自治组织）的概念很早就被提出。DAO是一种"协作思维"，"决策"和"权益分配"是其中的关键，DAO具有自动化执行统一规则、高透明度的特点，权益相关者可以充分表达自己的利益诉求。这也是DAO和其他组织形式的本质区别。近一两年，全球范围内已经有很多DAO开始落地。

DAO组织模式最大的变革，即自己为自己打工，通过智能合约执行。早前公社组织的理念非常先进，但缺乏衡量工具，于是就演变成了"大锅饭"。DAO利用区块链技术建立了一种新型组织形态，完成价值增值以及生产关系的变革。

第四节　区块链的架构模型

区块链的基础架构可以分为六层，包括数据层、网络层、共识层、激励层、合约层、应用层。每一层分别完成一项核心的功能，各层之间互相配合，从而实现了一个去中心化的信任机制。如图1-17所示。

图1-17　区块链的架构模型

一、数据层

数据层相当于区块链四大核心技术中的数据结构，即"区块+链"的结构。从还没有记录交易信息的创世区块起，直到现在仍一直在新添加的区块，构成的链式结构，里面包含了哈希值、随机数、认证交易的时间戳、交易信息数据、公钥和私钥等，是整个区块链技术中最底层的数据结构。这些技术是构建全球金融系统的基础，数十年的使用证明了它的安全和可靠性。而区块链，正是巧妙地把这些技术结合到了一起。

二、网络层

网络层类似于四大核心技术中的分布式存储，主要是点对点机制、数据传播机制和数据验证机制。分布式算法以及加密签名等都在网络层中实现，区块链上的各个节点通过这种方式来保持联系，共同维护整个区块链账本，比较熟知的有闪电网络、雷电网络等第二层支付协议。

三、共识层

封装了网络节点的各类共识机制算法。共识机制算法是区块链的核心技术，因为它决定了到底是谁来进行记账，而记账决定方式将会影响整个系统的安全性和可靠性。

目前已经出现了十余种共识机制算法，其中比较知名的有工作量证明机制（PoW，Proof of Work）、权益证明机制（PoS，Proof of Stake）、股份授权证明机制（DPoS，Delegated Proof of Stake）等。

小看点

> 数据层、网络层、共识层三者构成了区块链层级的底层基础，也是区块链必不可少的三个元素，缺少任何一个都无法称之为真正的区块链技术。

四、激励层

激励层，主要是将经济因素集成到区块链技术体系中，包括经济激励的发行机制和分配机制等，主要出现在公有链当中。在公有链中必须激励遵守规则、参与记账的节点，惩罚不遵守规则的节点，才能让整个系统朝着良性循环的方向发展。而在私有链当中，则不一定需要进行激励，因为参与记账的节点往往是在链外完成了博弈，通过强制力或自愿来要求参与记账。

五、合约层

合约层，封装各类脚本、算法和智能合约，是区块链可编程特性的基础。比特币本身就具有简单脚本的编写功能，而以太坊极大地强化了编程语言协议，理论上可以编写实现任何功能的应用。如果把比特币看成是全球账本的话，以太坊可以看作是一台"全球计算机"，任何人都可以上传和执行任意的应用程序，并且程序的有效执行能得到保证。

六、应用层

应用层就很简单了，类似于手机上的各种App，封装了区块链的各种应用场景和案例。

比如，比特币、以太坊等就是区块链的应用项目，这个层面包括未来区块链应用落地的各个方面。

小看点

> 六个层级之间相互独立又不可分割，了解层级之间的关系和各个层级的相关知识，就会对区块链形成整体的认知和系统的理解。

第二章

区块链的发展

　　区块链由于其所具有的高性能、高安全性、高速接入等核心优势引起各界关注。在区块链迅速发展的背景下，中国顺应全球化需求，紧跟国际步伐，积极推动国内区块链的相关领域研究、标准化制定以及产业化发展。

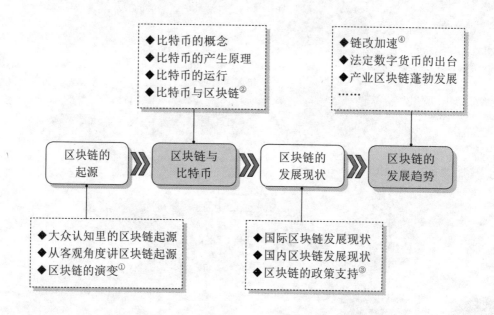

图示说明如下。

　　① 区块链技术的发展，很多人将其划分成了三个阶段，即区块链1.0时代、区块链2.0时代、区块链3.0时代。

　　② 在比特币的系统中，最重要的并不是"币"的概念，而是一个没有中心存储机构的"账本"的概念。"币"只是在这个账本上使用的记账单位。可以这么说，比特币本质就是一个基于互联网的去中心化账本，而区块链就是这个账本的名字。

　　③ 中国政府从2013年开始陆续出台虚拟货币监管政策，区块链的技术逻辑和底层价值也逐渐被国人了解。

　　④ 随着政策的落地与引导，到2020年我国产业区块链落地加速，区块链技术将逐渐脱虚向实，与产业结合，赋能实体经济，切实发挥价值，为整个区块链行业的发展打下坚实基础。

第一节　区块链的起源

区块链被认为是继大型机、个人电脑、互联网之后计算模式的颠覆式创新，并正在全球范围引起一场新的技术革新和产业变革。

一、大众认知里的区块链起源

区块链起源于中本聪创建的比特币，比特币依靠于区块链这项技术完美的运行着，没有主导机构，力求去中心化。使得大家开始研究比特币运行原理，发现了区块链。从大众认知层面讲，区块链起源于中本聪创建的比特币。

区块链的概念首次在2008年末由中本聪（Satoshi Nakamoto）发表在比特币论坛中的论文《Bitcoin：A Peer-to-Peer Electronic Cash System》(《比特币：一种点对点电子现金系统》）提出。论文中区块链技术是构建比特币数据结构与交易信息加密传输的基础技术，该技术实现了比特币的挖矿与交易。

第一，借助第三方机构来处理信息的模式具有点与点之间缺乏信任的内生弱点，商家为了提防自己的客户，会向客户索取完全不必要的信息，但仍然不能避免一定的欺诈行为。

第二，中介机构的存在，增加了交易成本，限制了实际可行的最小交易规模。

第三，数字签名本身能够解决电子货币身份问题，如果还需要第三方支持才能防止双重消费，则系统将失去价值。

基于以上三点现存的问题，中本聪在区块链技术的基础上创建了比特币。如图2-1所示。

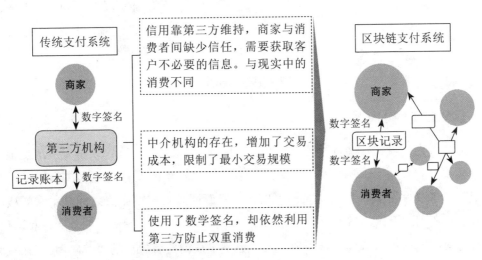

图2-1　基于第三方机构消费系统存在的问题即比特币创立背景

比特币的系统是一种去中心化的电子现金系统，它解决了在没有中心机构的情况下，总量恒定的数字资产的发行和流通问题，通过比特币系统转账，信息公开透明，可以放心地将比特币转给地球另一端的某个人，每一笔转账信息都会被全网纪录。

比特币白皮书的问世，也标志着比特币的底层技术，即区块链的诞生。

二、从客观角度讲区块链起源

在比特币之前区块链技术就是存在的，只是没有被大众广泛认知而已。如果深究，区块链的起源离不开互联网、离不开计算机。可以说，区块链发展来源于它所产生的土壤——互联网技术的发展和云计算、大数据的兴起。区块链就是计算机里面的一项技术而已。

三、区块链的演变

区块链技术的发展，很多人将其划分成了三个阶段，即区块链1.0、区块链2.0、区块链3.0，如图2-2所示。

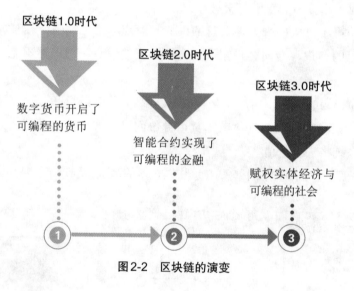

图2-2　区块链的演变

1.区块链1.0时代

以比特币为代表的数字货币应用，开启了区块链1.0时代，在区块链发展历史上有着重要的意义。区块链1.0实现了可编程的货币开放式网络的发行与交易，实现了可编程货币点对点的转账汇款，任何交易都可以通过互联网直接在两个人之间获得和完成；实现了数字化支付以及区块链交易所的币与币交易；实现了密码学货币的金融性和增值性。在林林总总的几千种可编程的货币中，大多数是不被消费者认可的"空气币"。只有为数不多的可编程货币被世界各地的用户认可。

2.区块链2.0时代

区块链2.0时代，在之前的基础上加入了智能合约等一系列的见证协议，成为真正意义上的可编程化区块链，我们熟知的以太坊，便是2.0时代的标志性产物，此阶段支持图灵完备的脚本语言，为开发者在其设置的"操作系统"之上开发任意应用提供了必要的基础设施，实现了虚拟世界的应用实际落地化。

3.区块链3.0时代

区块链是价值互联网的内核。区块链能够对每一个互联网中代表价值的信息和字节进行产权确认、计量和存储，从而实现资产在区块链上可被追踪、控制和交易。价值互联网的核心是由区块链构造一个全球性的分布式记账系统，它不仅仅能够记录金融业的交易，而是几乎可以记录任何有价值的能以代码形式进行表达的事物：如共享汽车的使用权、信号灯的状态、出生和死亡证明、结婚证、教育程度、财务账目、医疗过程、保险理赔、投票等。因此，随着区块链技术的发展，其应用能够扩展到任何有需求的领域，包括审计公证、医疗、投票、物流等领域，进而延伸到整个社会。

第二节　区块链与比特币

说起区块链，不得不提比特币。区块链是比特币的底层技术，是为了比特币的独特需求而被创造出来的，但是区块链与比特币不是简单的"父子"关系，也不是比特币的意外产物。区块链的产生是伴随着比特币出现的，区块链体现了比特币的可供性。

一、比特币的概念

比特币（Bitcoin）的概念最初由中本聪提出，根据中本聪的思路设计发布的开源软件以及建构其上的P2P网络。比特币是一种P2P形式的且总量恒定为2100万的数字加密货币，可以简单理解为比特币是一串有现金价值的数字，点对点的传输意味着一个去中心化的支付系统，和互联网一样具有去中心化、全球化、匿名性等特点，如图2-3所示。

图2-3　比特币的特点

小看点

虽然目前区块链现象比较火热，但是我们仍要意识到，目前在我国基于区块链发币都是非法的。

二、比特币的产生原理

比特币的本质其实是一堆复杂算法所生成的特解。特解是指方程组所能得到无限个（其实比特币是有限个）解中的一组。而每一个特解都能解开方程并且是唯一的。

例如，假设比特币就是纸币的序列号，知道了某张纸币上的序列号，就等同于拥有了这张纸币。而挖矿的过程就是通过庞大的计算量不断寻求这个方程组的特解，这个方程组被设计成了只有2100万个特解，所以比特币的上限就是2100万。

要挖掘比特币，可以在电脑上安装比特币客户端，用自己的电脑生产比特币，当一个"矿工"。完成比特币客户端安装后，可以直接获得一个比特币地址，交易的时候，只需要把地址贴给别人，就能通过同样的客户端进行付款。在安装好比特币客户端后，它将会分配一个私有密钥和一个公开密钥。需要备份包含私有密钥的钱包数据，才能保证财产不丢失。

三、比特币的运行

比特币实际上是一个互联网上的去中心化账本。比特币用户在电脑上运行比特币客户端软件，这样的电脑称为一个节点。大量节点电脑互相连接，形成一张蜘蛛网一样的P2P网络。

比如，李某想通过A账号转账给张某的B账号3比特币，其运行过程如图2-4所示。

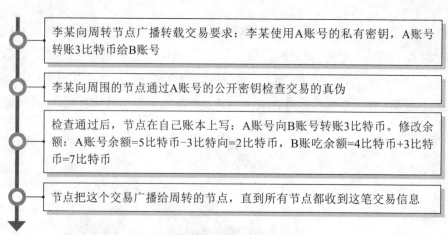

李某向周转节点广播转载交易要求：李某使用A账号的私有密钥，A账号转账3比特币给B账号

李某向周围的节点通过A账号的公开密钥检查交易的真伪

检查通过后，节点在自己账本上写：A账号向B账号转账3比特币。修改余额：A账号余额=5比特币-3比特向=2比特币，B账吃余额=4比特币+3比特币=7比特币

节点把这个交易广播给周转的节点，直到所有节点都收到这笔交易信息

图2-4 比特币的运行过程

四、比特币与区块链

其实，在比特币的系统中，最重要的并不是"币"的概念，而是一个没有中心存储机构的"账本"的概念。"币"只是在这个账本上使用的记账单位。可以这么说，比特币本质就是一个基于互联网的去中心化账本，而区块链就是这个账本的名字。

这里我们可以做一个形象的类比，假如区块链是一个实物账本，一个区块就相当于账本中的一页，区块中承载的信息，就是这一页上记载的交易内容。

1.区块链与传统账本的区别

既然区块链是个账本，这个账本和传统的账本有什么区别呢？很显然，账本上的内容必须是唯一的，这导致记账天然是中心化的行为。在通信手段不发达的时代如此，在现今的信息时代更是如此。然而，中心化的记账却有一些显而易见的弱点：一旦这个中心出现问题，如被篡改、被损坏，整个系统就会面临危机甚至崩溃。

2.构建可信的记账系统

那么能不能构建一个去中心化、不依赖任何第三方，但可信的记账系统呢？

在数字时代，负责记账的自然是计算机。这里，我们把记账系统中接入的每一台计算机称为"节点"。去中心化就是没有中心，也就是说参与到这个系统中的每个节点都是中心。从设计账本系统的角度，就是需要每个节点都保存一份完整的账本。然而，由于一致性的要求，每个节点却不能同时记账。因为节点所处的环境不同，接收到的信息自然不同，如果同时记账的话，必然会导致账本的不一致，造成混乱。

既然节点不能同时记账，那我们就不得不去选择哪个节点拥有记账的权力。但是，如果指定某些特殊节点拥有记账的权力，势必又会与我们去中心化的初衷相违背。这似乎成了不可能解决的问题。

3.引入竞争记账和激励机制

中本聪设计的比特币区块链通过竞争记账的方式解决了去中心化的记账系统的一致性问题。

节点可以理解为接入系统中的计算机，而所谓的竞争记账，就是以每个节点的计算能力即"算力"来竞争记账权的一种机制。在比特币系统中，大约每十分钟进行一轮算力竞赛（算力大小会决定赢得一轮竞争的概率，算力高的节点赢得算力竞争的概率更大），竞赛的胜利者，就获得一次记账的权力，这样，一定时间内，只有竞争的胜利者才能记账并向其他节点同步新增账本信息。

4.PoW判定竞争结果

那么，在一个去中心化的系统中，谁有权判定竞争的结果呢？

比特币系统是通过一个称为"工作量证明"PoW的机制完成的。

比如，要生产一些玩具，早上起来我给你一些零件，晚上回来，看到需要的玩具摆在桌上，虽然我没有从早到晚盯着你做玩具的过程，我也能确定你确实做了这么多工作。这就是对工作量证明简单的理解——通过一个（人人都可以验证的）特定的结果就能确认（竞争的）参与者完成了相应的工作量。

算力竞争是要付出成本的，没有激励，节点就没有进行竞争的动力。在中本聪的设计里，每轮竞争胜出并完成记账的节点，将可以获得系统给予的一定数量的比特币奖励。而这个奖励的过程，同时也是比特币的发行过程。这种设计相当巧妙，它将竞争的激励机制与货币的发行完美结合到一起，在引入竞争的同时，解决了去中心化货币系统中发行的难题。

5.造就正向循环的经济系统

在这个系统中，每一个节点只需要根据自身利益行事。出于"自私"的目的进行的竞争，最终造就了保护系统安全的庞大算力基础。在这样精巧的安排下，比特币获得了越来越多的信任和越来越高的价值，进而又吸引了更多的资源投入其中，成为一个正向循环的经济系统。

正因为比特币通过区块链的机制造就了这样一个正向循环的经济系统，才会在没有强大的中心化机构推动的情况下，自然地生长出来并发展壮大。

小看点

> 虽然区块链脱胎于比特币，但区块链无论作为一个系统还是作为一项技术，它的应用领域及发展潜力，将远不止货币一项。

 相关链接

比特币带来的产业链

1.矿机

矿机是专门用于挖矿（工作量证明计算）的计算机，矿机的特点是通过采用大量专用挖矿芯片进行并行计算，实现远远优于CPU/GPU等传统通用芯片的能耗比和计算设备的硬件的性价比。

2.矿工

比特币矿工通过参与竞争记账，获得比特币网络的奖励和交易发起方支付的交易手续费。目前矿工一般加入某个矿池，参与共同挖矿，矿工一定时间能够获得的收益与矿机成本、电力成本、全网算力、自身贡献算力、币价等因素有关。

（1）矿机成本：矿工可以通过选择不同的矿机来控制矿机成本，但这也会同时影响矿机算力。一般新一代矿机成本较高，但算力贡献更大。

（2）电力成本：矿工可以选择到电费低的地方挖矿，或者通过加入电费较低的矿场来降低电力成本。

（3）全网算力：矿工无法控制，长期来看，取决于币价走势。币价上涨会导致总算力增加，然后最终达到均衡。

（4）自身贡献算力：取决于矿机的算力。但由于现在全网算力很大，单台矿机几乎无法取得收益，因此几乎所有矿工都选择加入矿池，来提高节点算力和挖到比特币的概率，之后通过矿池分成模式获得对应收益。

（5）币价：矿工无法控制，取决于比特币市场行情。

3.矿池

矿池的主要职能是通过专用挖矿协议，协调大量的矿工一起挖矿。连接到矿池里的矿工，在挖矿时与矿池服务器保持连接，和其他矿工同步工作。

矿池中的矿工共享奖励。成功出矿的奖励支付到矿池的比特币地址，而不是单个矿工。一旦奖励达到一个特定的阈值，矿池服务器便会支付奖励到矿工的比特币地址。通常情况下，矿池服务器会为提供矿池服务收取一定比例的费用。

对矿工来说，和个人挖矿相比，加入矿池有两个好处：一方面可以避免运行比特币全节点所需要的存储和带宽成本；另一方面通过和其他矿工分享收益，可以提高挖矿回报的稳定性。

4.矿场

矿场是为矿机提供托管服务的专用数据中心。矿场的作用在于将矿机物理集中在电价较低的区域，利用低电力成本获取更大收益。矿场一般会选择电力资源丰富且电价便宜的地方。

5.交易所

有了比特币就存在交易问题，有人就参考现实中的证券交易所来建立虚拟币交易所，收取一定比例的交易手续费。交易所主要提供以下服务。

（1）法币-加密资产之间的兑换服务。

（2）不同加密资产之间的兑换服务。

（3）杠杆交易等融资服务。

6.托管行

随着投资人逐渐加大对加密资产的投资，他们希望资产的安全能够得到保证，因此第三方托管机构变得更加重要。

与传统资产管理市场的托管银行类似，加密资产第三方托管机构主要的作用是作为被信任的第三方，负责资产保管。除此之外，托管行还可以完成归集支付、资金监管、抵押资产保管、份额登记、风控合规、交易监督、估值核算等功能。

加密资产托管行主要通过多重签名的方式保证托管资产的安全。具体的商业模式主要有两种：全托管方案和协同管理方案。

（1）全托管方案会为托管资产准备5个私钥，5个私钥全部归托管行所有，分别放在5个不同的地点储存。只有5个私钥中的3个正确，才有权限对托管资产进行操作。

（2）协同管理方案同样会为托管资产准备5个私钥，但其中1个私钥归客户所有，另外4个私钥全部归托管行所有。托管行会将私钥分别放在5个不同的地点储存。只有5个私钥中的3个正确，才有权限对托管资产进行操作。

第三节　区块链的发展现状

当前，新一轮科技革命和产业变革席卷全球。区块链作为一项颠覆性技术，正在引领全球新一轮技术变革和产业变革，有望成为全球技术创新和模式创新的"策源地"，推动"信息互联网"向"价值互联网"变迁。

一、国际区块链发展现状

从全球来看，很多发达国家已经大力开展区块链产业发展。美国、英国、俄罗斯、澳大利亚、日本等国纷纷设计国家区块链战略和路线图，促进区块链产业发展。

（1）跨国巨头企业也早已布局区块链的研发与应用，国外企业如谷歌、微软、摩根大通、脸书、亚马逊、IBM等纷纷布局研究区块链技术，推出了技术解决方案和应用。

（2）国外开源组织大力推进区块链创新与发展，以太坊基金会、Hyperledger社区等不断在创新区块链技术，有力地促进了区块链技术的迭代发展。

（3）区块链生态覆盖全球经济与社会各个方面，全球区块链迎来了爆发式发展，在金融服务、供应链管理、智能制造、社会公益、医疗健康等领域开展了一系列应用。

（4）国外知名高校开始着手加强区块链理论研究和人才培养。美国知名高校包括哈佛、斯坦福等均已开设区块链相关课程，在共识算法、密码学等关键技术方面处于领先水平。

因此，国际上目前区块链的发展可以总结为图2-5所示的五大趋势。

趋势一 **安全问题凸显，技术与监管存在冲突**

区块链安全事件频发，已严重影响到区块链的健康发展，安全防护需要技术和监管全局考虑

趋势二 **区块链投资持续火爆**

全球在区块链上的融资数量和融资金融数量持续增加，代币众筹模式累积风险值得关注

趋势三 **企业应用崭露头角**

企业应用是区块链的主战场，联盟链/私有链将成为主流方向

趋势四 **应用趋向多样化，跨链需求增多**

应用催生多样化的技术方案，区块链性能及互联互通性将不断得到优化

趋势五 **行业应用加速推进，技术融合紧密**

区块链与其他技术的结合越发紧密，BaaS有望成为公共信任基础设施，行业应用向非金融领域渗透扩散

图2-5 国际区块链的发展趋势

二、国内区块链发展现状

有数据显示，中国区块链行业在2016年之前，经营区块链相关业务的公司不足1000家，且数量增长缓慢；但从2016年开始，区块链公司数量开始爆发式增长，连续两年增幅均超250%，成为创业热门领域和资本热捧的目标。之后几年，区块链企业数量增长放缓。

从2016年开始，一些传统金融机构和金融科技企业就先后涉足区块链金融场景应用。目前，蚂蚁金服、腾讯、阿里巴巴、浪潮、京东和百度等重点企业在区块链专利、底层BaaS平台和行业解决方案方面均取得了一定成绩，主要布局在底层平台、行业应用以及区块链硬件三个方向。

此外，区块链初创公司及各类投资机构也纷纷涉足区块链领域，为区块链技术落地提供资金支持。PlatON是隐私计算网络与分布式经济体基础设施。目前应用场景已拓展到医疗、征信、广告、AI、物联网、支付清算、密钥管理等多个领域。

纵观国内区块链，从政府、技术、高校三大方面我们可以看到以下现状。

1.政府全面布局创新

北京、广东、浙江等全国超过26个省市地区发布区块链相关政策，福建、云南、重庆、福州等省市将发展区块链技术与产业写入2019年政府工作报告中，开展区块链产业链布局。2020年，全国有22个省（自治区、直辖市）将区块链写入2020年政府工作报告，不仅涵盖北上广，重庆、甘肃等中西部省份也已将区块链视为经济新赛道。

 **相关链接**‹········

《2020中国区块链城市创新发展指数》发布

2020年9月6日，《2020中国区块链城市创新发展指数》报告在2020年中国国际服务贸易交易会的"全球金融科技峰会区块链专场"发布。

该报告覆盖83个城市及地区，通过研发、产业发展、公共热度和政策四个维度的一级指标来分析区块链城市创新发展情况，并由此评出"50强"榜单。从最终的综合评分看，中国区块链地区发展头部城市优势明显，北京、深圳、上海、杭州、广州位列前5。

火鸟财经注意到，此前，其他机构（赛迪区块链研究院、互链脉搏）曾发布一份《2019中国城市区块链发展水平评估报告》，该报告从政策环境、人才培养、产业基础和资本支持四个方面，对我国45座重点城市区块链产业发展水平情况进行评估。排在前5位的同样是北京、深圳、杭州、上海和广州这五座城市。

·四个维度、三级指标

此次报告的发布方为中国电子学会区块链分会、同济大学科技情报所、人民日报数字传播有限公司、上海区块链技术研究中心、上海财经大学商学院中国企业发展研究院、人民数字FINTECH、同济大学（国家）知识产权信息服务中心。

　　该报告覆盖了总计83个城市及特区，因数据可获得性原因，未包含我国港澳台地区。发起方从四个维度（研发、产业发展、公共热度和政策）和每个维度的三级指标进行分析，其数据来源主要来自公开渠道数据，以2020年5月底作为时间节点。

· 4个单项排名

　　除了综合排名，该报告还根据四个维度的一级指标进行了单项排名。

　　在研发排名中，北京市的评分为100，紧随其后的是杭州、深圳、上海、成都。这里的研发评分包括专利和科技论文。具体来看，北京的专利评分是95分，科技论文评分为100分，综合得分排在第一。

　　值得注意的是，杭州的专利评分为100分，科技论文仅为70分（该项排在13位），而在这种情况下研发总评分仍然排在第二位。报告指出，杭州在区块链专利申请上，依托阿里巴巴等众多区块链创新应用研发企业，获得了最高分。

　　在产业发展排名和公共热度排名上，前5名都是北京、杭州、深圳、上海、广州这5个城市，只是排名略有调整，北京一直排在第一位。

　　在政策排名方面，相比前面的几项排名，有较大的变化。在此项排名中，重庆、贵阳和成都分别排在第1、第3和第5。北京和杭州排在第2和第4。

　　重庆、贵阳等市在区块链发展早期就对其较为关注和重视。如重庆市早在2016年的十三五规划中，即提到积极探索区块链技术，并且出台多个区块链专项政策。贵阳市也是在2016年提出发展区块链，并发布了《贵阳区块链发展和应用》白皮书。

　　报告的最后还对每个城市具体的指标评分情况进行了展示。总体来看，北京的各项评分最为均衡，排名均处在前列，且差别不大。其他地区的各项评分相对而言，差别较大。如杭州的"规模以上企业应用"和"高校区块链课程"的评分在50左右。

2.技术应用蓬勃发展

　　国内区块链企业初具规模，互联网巨头提前布局区块链，我国已具备核心技术的区块链底层平台区块链标准研制已走在世界前列。区块链技术已经在银行、保险、供应链、电子票据等领域得到了应用验证。

 **资讯平台**

　　2020年9月11日，在2020腾讯全球数字生态大会产业区块链专场上，深圳市龙华区政府联合腾讯云发布全国首个"产业区块链应用示范清单"，涵盖城市建设、社

会治理、产业发展等方面的12个落地场景。会上，腾讯云同时发布区块链底层引擎、区块链可信计算平台两大产品，截至目前已完成了供应链金融、电子票据等7大领域产品及解决方案的构建。业内人士指出，未来，区块链将与工业互联网、人工智能等联合形成技术矩阵，加快推动数字经济转型升级。

在同日举行的腾讯全球数字生态大会产业区块链专场上，腾讯云同时发布区块链底层引擎和区块链可信计算平台两大产品，进一步丰富了产品矩阵。其中，腾讯云区块链底层引擎是一个具有高可扩展性的企业区块链系统，主要解决产业区块链应用数据量过大带来的扩展性问题，以及区块链之间的跨链互操作问题，从而实现更大规模的跨组织协作。

3. 高校重视人才培养

北京、上海、深圳等地先后成立了一系列区块链联盟，促进区块链的发展；我国目前有62家区块链研究院，分布在15个城市。2016 ～ 2019年，全国已有33所高校开设区块链课程及相关专业，2020年国内首个"区块链工程"正式作为本科开设的课程进入大学课堂，高校教育必将推动中国区块链人才的规范化、体系化。

三、区块链的政策支持

中国政府从2013年开始陆续出台虚拟货币监管政策，区块链的技术逻辑和底层价值也逐渐被国人了解。在ICO（区块链首次币发行）项目规模爆发之时，中国除了继续积极支持区块链技术的应用与创新外，也逐渐加强对加密货币和各种代币的监管。

（1）2013年，中国人民银行、工业和信息化部、中国银行业监督管理委员会等发布《关于防范比特币风险的通知》，要加强比特币互联网站的管理，防范比特币可能产生的洗钱风险等。

（2）2014年，央行成立法定数字货币的专门研究小组，以论证央行发行法定数字货币的可行性。

（3）2015年，央行开始对数字货币领域的一些重点问题如数字货币发行和业务运行框架、数字货币的关键技术、数字货币发行流通环境、数字货币面临的法律问题等进行调研。

（4）2016年，工业和信息化部发布《中国区块链技术和应用发展白皮书（2016）》。白皮书正式介绍了中国区块链技术发展路线蓝图以及未来区块链技术标准化的方向和进程。同年，国务院印发《"十三五"国家信息化规划》，首次将区块链技术列入国家级信息化规划内容。

（5）2017年，国务院办公厅发布的《关于创新管理优化服务培育壮大经济发展新动能加快新旧动能接续转换的意见》提出：在人工智能、区块链、能源互联网、大数据应用等交叉融合领域构建若干产业创新中心和创新网络。

（6）2018年，中国银行保险监督管理委员会、中共中央网络安全和信息化委员会办公室、公安部、人民银行和市场监管总局联合发布的《关于防范以"虚拟货币""区块链"名义进行风险集资的风险提示》。尽管此举旨在打击借区块链进行违法活动的行为，但也在一定程度上放缓了区块链的发展。

（7）2019年，国家互联网信息办公室发布《区块链信息服务管理规定》，为区块链信息服务提供有效的法律依据。这也意味着在我国对于区块链的监管更加成熟。同年，中共中央政治局第十八次集体学习指出，要把区块链作为核心技术自主创新重要突破口，将区块链技术上升为国家战略。

（8）2020年2月5日，2020年中央一号文件正式发布。文件指出，要依托现有资源建设农业农村大数据中心，加快物联网、大数据、区块链、人工智能、第五代移动通信网络、智慧气象等现代信息技术在农业领域的应用。

总体而言，中国政府鼓励探索研究区块链技术的应用，以加速区块链的落地应用，服务实体经济，构建新型数字经济。目前中国的区块链项目多还在探索阶段，监管政策有待完善。但是随着区块链技术的快速发展和中国政府日渐完善相关的政策，中国区块链产业的发展也会更加稳健。

 相关链接

2020年政府工作报告中的区块链政策及各省市相应措施

1.区块链助力传统产业转型升级

重庆市：推进产业转型升级。实施制造业高质量发展专项行动方案，出台生物医药、区块链、工业互联网等专项政策。

山东省：我省制造业基础雄厚，随着5G、云计算、人工智能、大数据、区块链等与制造业深度融合、广泛应用，产业智慧化、智慧产业化必将迸发出澎湃动力。

湖北省：加快产业融合发展。强化大数据、5G、云计算、人工智能、物联网、区块链等新型通用技术引领带动，加快新技术、新产业、新业态、新模式发展应用。

湖南省：推动制造业高质量发展，加快制造业数字化、网络化、智能化、绿色化发展，力争在人工智能、区块链、5G与大数据等领域培育形成一批新的增长点。

陕西省：推进服务业高质量发展。建设数字经济示范区，推动区块链等数字技术与实体经济深度融合。

2.区块链作为数字经济新动能

河北省：只争朝夕转动能。推动数字河北建设，促进人工智能、区块链技术应用及产业发展。

安徽省：大力发展数字经济，推动物联网、下一代互联网、区块链等技术和产业创新发展。

福建省：努力提升产业基础能力和产业链水平，深化数字福建建设、实施区块链技术创新和产业培育专项行动。

山西省：培育壮大战略性新兴产业，数字产业围绕"网、智、数、器、芯"五大领域，探索"区块链+产业"应用示范。

甘肃省：加快建设"数字甘肃"。推动区块链产业布局和产业变革，加快拓展区块链在有色金属、文化旅游、通道物流、知识产权等领域的应用场景。

天津市：壮大制造业。实施战略性新兴产业提升发展行动，培育人工智能、网络安全、大数据、区块链、5G等一批新兴产业集群。

重庆市：壮大"芯屏器核网"全产业链，提档升级区块链产业创新基地，促进区块链技术和产业创新发展。

辽宁省：加快发展新兴产业，大力发展数字经济，稳步推进5G通信网络建设，推动人工智能、物联网、大数据、区块链技术创新与产业应用。

江苏省：着力培育壮大"三新"经济、加快人工智能、大数据、区块链等技术创新与产业应用，培育壮大新一代信息技术等战略性新兴产业。

湖南省：提升现代服务业发展水平。大力发展数字经济，加快发展基于移动互联网、云计算、区块链、物联网等技术的信息服务。

海南省：提高优势产业效益，做特做强海南生态软件园等重点园区，重点发展游戏出口、智能物联、区块链、数字贸易、金融科技等数字经济产业。

青海省：着力发展数字经济。推广应用物联网、云计算、大数据、人工智能等新一代信息技术，释放对数字经济社会发展的放大、叠加和倍增效应。

内蒙古自治区：大力发展数字经济，积极布局5G通信应用和大数据、区块链、物联网、人工智能等产业。

宁夏回族自治区：加快制造业发展。加快人工智能、物联网、区块链等应用，力促数字经济深度融合、大发展。

新疆维吾尔自治区：加快发展现代服务业，推进5G通信网络建设，大力发展云计算、区块链。

3.加强区块链技术攻关及成果

北京市：强化关键核心技术公关、围绕5G、半导体、新能源、车联网、区块链领域，支持新型研发机构，高等学校、科研机构、科技领军企业开展战略协作和联合攻关。

天津市：倾心引育科技型企业，大力支持企业拓展人工智能、大数据、区块链等技术应用场景，加快推进装备首台套、材料首批次、软件首版次产品示范应用。

甘肃省：十大生态产业发展多点突破，全省区块链基础平台"数字甘肃、如意之链"已经上线，

上海市：加快智慧城市建设。加快物联网、大数据、人工智能、区块链等信息技术推广应用，实施智慧城市场景开放计划

重庆市：建设"云联数算用"要素集群。建设智能中枢核心能力平台，建设以AI计算、区块链等支撑的赋能平台。

4.明确区块链应用场景方向

北京市：持续改革优化营商环境。建立以区块链技术为支撑的政务信息资源共享和业务协同机制，开展"秒批""无感审批"等智能场景应用。

江西省：提升营商环境竞争力。打造"赣服通"升级版、探索"区块链+无证通办"。

山东省：坚决培育壮大新动能。加快布局"新基建"，年内新开通5G基站4万个，建设省级区块链产业园，在金融科技、电子政务、社会治理等领域，加速场景应用。

广东省：积极发展现代服务业，加快区块链技术和产业创新发展，在金融、民生服务等领域积极推广应用，打造区块链产业集聚区。

海南省：继续优化政府职责。运用大数据、云计算、人工智能、区块链等技术手段提升政府效能，推动政务信息及时公开、共享。

福建省：推进数字政府建设，实施"链上政务"工程，提升一体化政务服务平台功能，运用大数据、人工智能、区块链等技术手段进行行政管理，依法保护个人信息。

甘肃省：加快建设"数字甘肃"。推动区块链产业布局和产业变革，加快拓展区块链在有色金属、文化旅游、通道物流、知识产权等领域的应用场景。

5.区块链相关产业园建设

重庆市：壮大"芯屏器核网"全产业链。提档升级区块链技术和产业创新发展。

山东省：坚决培育壮大新动能，加快布局"新基建"，年内新开通5G基站4万个，建设省级区块链产业园区，在金融科技、电子政务、社会治理等领域，加快场景应用。

海南省：提高优势产业效益。做特做强海南生态软件园等重点园区，重点发展旅游出口、智能物联、区块链、数字贸易、金融科技等数字经济产业。

陕西省：推进服务业高质量发展。建设数字经济示范区，推动区块链等数字技术与实体经济深度融合。

第四节　区块链的发展趋势

2019年，注定是区块链行业备受关注的一年。中国开启了区块链新纪元，政府鼓励发展区块链技术，投入了数十亿元用于区块链创新。

一、链改加速

随着政策的落地与引导，我国产业区块链落地加速，区块链技术将逐渐脱虚向实，与产业结合，赋能实体经济，切实发挥价值，为整个区块链行业的发展打下坚实基础。区块链作为价值互联网的基础设施将与大数据、云计算、人工智能、5G等共同构成一代价值互联网生态体系。

在这种前提下，要实现产业区块链的发展和应用，对传统企业、政府机构进行"区块链+"改革是必不可少，也是最关键的途径。区块链技术在产业中的应用，需要通过"区块链+"改革来实现。而目前需要企业、区块链技术服务商、产学研各机构共同努力协作，找到区块链技术的业务应用场景，对实体经济进行区块链改造。

二、法定数字货币的出台

从2019年9月份开始，政府开始频频对我国即将发行的央行数字货币DCEP（Digital Currency Electronic Payment）进行报道，根据现有情报显示，目前我国央行数字货币DCEP目前已经基本完成设计、调试等步骤，2020年已在深圳、苏州、雄安等地试点，之后将大面积普及。由于我国央行数字货币主要注重M0替代（流通中的现金替代），因此，可以预见的是我国央行数字货币的推广将着重应用于C端（个人）和B端（企业）

用户。

试点城市或将在教育、医疗、交通等民生领域鼓励个人用户采用央行数字货币支付，以推广央行数字货币。对于企业用户来讲，相关部门或将出台优惠政策，在试点城市鼓励企业采用央行数字货币进行结算。

 相关链接 ‹······

数字货币与比特币的区别

一是技术不一样。比特币是区块链技术的代表作，央行也曾表示，有过用区块链的设想。但后来央行发现，交易量一大，区块链处理不了，根本无法满足中国零售级别的应用需要。DCEP的技术可能部分借鉴了区块链，但区块链绝不是唯一的技术。

二是模式不一样。比特币和以太坊的特点是去中心化。加密货币大多数都是采用了挖矿的模式进行发行产出，没有单一的发行方，没有统一的监管方，只是以区块链上的各个节点来保证系统正常运行。但央行的数字货币，恰恰是中心化的。DCEP由央行统一发行，也遵循了传统的从中央银行到运营机构的双层投放体系。重要的是，为了央行的宏观审慎和货币调控职能，DCEP更加会采用中心化的管理模式。

三是属性不一样。虽然都叫币，但比特币等加密货币本质上只是一种虚拟商品，其每天价格起伏波动很大，并没有任何的货币属性，无法充当合格的一般等价物。而DCEP官方货币的地位毋庸置疑，其背后是国家信用和政府背书，与传统人民币现钞价值是1∶1的对应关系，具有法偿性，是真正的货币。

综上所述，数字人民币绝不是央行版的"比特币"。

三、产业区块链蓬勃发展

伴随着国家政策的宣导跟扶持，区块链产业在2020年蓬勃发展，这其中，强调技术落地与传统产业集合的产业区块链势必将蓬勃发展。它可以建立高效的价值传递机制，通过资产数字化，提高传统资产的流动性，进而促进传统产业数字化转型，同时构建产业区块链生态。

事实证明，产业区块链的落地应用场景中，当前主要分布在金融、司法、版权、医疗等对数据信任要求很高的应用场景，未来卫星链、身份链、司法链、数据链、金融链、政务链等针对各个领域、各个行业的落地区块链产业未来会有很大机遇。

四、区块链人才需求量增加

据《2019年区块链人才供需与发展报告》显示，区块链领域的招聘薪酬大幅领先于全国平均水平；软件工程师是招聘需求最多的岗位；这表明区块链人才的需求跟待遇一直高于平均线。

区块链人才的需求跟待遇也比较两极化，技术性人才的需求比较旺盛，同时由于产业区块链落地等因素影响，区块链顾问、区块链产品经理等精通多领域的复合式人才是新的需求点。

 **资讯平台**

根据猎聘网公布的数据，对比2018年和2019年区块链招聘情况可以看到，千人以上大企业招聘需求占比由2018年的17.9%增加至2019年的24.5%，提高了6.6%，大企业区块链人才需求占比有所上涨。

通过对比2018年与2019年区块链人才需求地区分布情况可以看出，2019年区块链人才需求主要集中在一线和新一线城市，其中新一线城市包括杭州、成都、南京、武汉、苏州等地区，对区块链人才的需求较2018年有所上浮，北京、上海、深圳区块链人才需求占比有所下降，优秀人才可以为行业发展注入鲜活的血液，越来越多的城市也加紧引进区块链人才。

从工种分布来看，2019年我国区块链行业人才需求中技术类人才需求占比最多，达44.5%左右，远超其他类型的工种，与此同时，运营类人才需求有所增加，随着行业的发展和技术的成熟，未来技术类人才需求增速将会有所放缓。

五、人工智能与区块链的融洽相处

国际数据公司（IDC）的报告显示，2020年，全球在AI人工智能方面的支出将达到576亿美元，并且51%的企业将通过区块链集成向AI过渡。

此外，区块链还可以使AI更加连贯和易于理解，并且我们可以跟踪并确定在机器学习中做出决策的原因。

区块链及其分类账可以记录在机器学习下做出决定的所有数据和变量。而且，人工智能甚至可以比标准计算更好地提高区块链效率。

产业区块链发展将迎来爆发期

2020年4月，国家发改委首次明确新基建范围，区块链被正式纳入其中。站上新基建风口，区块链发展将进入一个新时期，迎来多行业场景布局和加速落地应用的新阶段。

多家权威机构负责人表示，区块链发展已进入与产业深度融合的新阶段，产业区块链将是未来国内区块链最大的落地方向。搭上新基建这班万亿规模的顺风车，产业区块链发展也将迎来爆发期。

· 企业对产业区块链长期看好

纵观区块链的发展，是一个"从理想到现实"的演化过程，也是一个从toC的消费级区块链到toB的产业级区块链的发展过程。

据专家介绍，产业区块链深度服务于社会生产的核心主体——企业，不是一个人人都能参与的区块链系统。作为企业间的可信数据网络，区块链解决了传统中心化数据库在企业间无法产生信任的难题，解决了多方协作的信任问题，因而被越来越多的企业所认可和接受。

2020年初，突如其来的新型冠状病毒肺炎疫情给许多行业按下"暂停键"，但科技是抗击灾难最有效的手段，区块链技术实现了与金融、物流、供应链、政务、公益、城市管理等应用领域的结合。虽然疫情给产业区块链发展带来影响，但区块链技术在疫情防控和助力企业复工复产上发挥了重要作用，同时也加速了产业区块链在许多领域的应用。

比如，利用区块链技术可以完善传染病预警系统，打通医疗机构间数据"孤岛"，实现医疗信息数据共享，进而合理评估疾病的严重程度，缩短疾病防控的时间，提高救治效果。公共安全预警与管理成为后疫情时期被看好的发展方向之一。

同时，由于技术发展不够完善，在此次疫情防控中，区块链发挥的作用十分有限，因而还需探索更深层次的场景应用。

· 产业区块链将赋能千行百业

伴随着区块链技术应用的显著加速，产业区块链赋能各行各业的价值也在迅速显现。

产业区块链本质上是四重创新融合而成的"新物种"，以技术创新为基础、数字金融为动力、经济社群为组织、产业应用为价值。伴随着政策的出台与技术的成熟，产业区块链赋能千行百业的时代即将到来，将像交流电、自来水、互联网、云计算一样，成为各行各业普遍使用的新型基础设施。

区块链是新基建的重要细分领域之一，随着新基建投资和政策利好的逐步释放，产业区块链也将加速发展。一方面，联盟链、分布式存储、公链、行业链等底层平台建设速度将大大加快，市场格局或将重塑，甚至可能诞生新的行业巨头；另一方面，新基建本身也是"区块链+"落地应用的重要领域，产业区块链将与5G、物联网、人工智能、云计算等其他新基建领域深度融合，共同为实体产业的转型升级赋能。

特别是在5G逐步普及和应用的背景下，区块链在提升数据要素价值方面的作用愈加明显。5G包括增强移动宽带、海量机器通信和超高可靠的低时延通信三大方面，前者带来的高清语音、云游戏等改善了人们的生活，而后两者引发的物联网和工业互联网变革更能充分体现5G的真正价值。5G将是产业区块链应用爆发的关键推手，海量机器接入互联网，改变互联网的基础性结构，也将极大丰富数据要素资源。区块链将以其先进的技术特性，促进物联网在数据确权、流转、分配、交易等方面的效率极大提升，这将推动5G和万物互联时代产业区块链应用的大规模爆发。

区块链技术基于多学科的交叉融合，被称为"信任的机器"，这项颠覆性技术正在引领全球新一轮技术变革和产业变革。产业区块链是未来国内区块链最大的落地方向，在航空、物流、金融、医疗等产业领域真正用区块链来实现互联互通，对中国未来的产业基础和产业优势有着重要的集成作用。

·规避风险，推进产业区块链健康发展

作为一个新兴的技术发展方向和产业发展领域，区块链受到广泛关注。

目前，产业区块链的应用正在加速，主要体现在两个方面。其一，早先技术上都是以开源系统为代表，多是面向消费者的开源项目，而现在已经增加了很多面向产业、企业特点的项目；同时，越来越多的企业如互联网巨头、高科技企业等开始进入这一领域，说明产业区块链时代已经来临。其二，区块链的出现降低了信任门槛和变现成本，让之前无法实现的一些金融和贸易场景得以实现，这样就可以衍生出一些新的金融形态，给金融创新提供了更大空间。

虽然产业区块链应用正在提速，不过从目前情况看仍处于一个初期发展阶段。这主要表现在，单靠区块链技术还无法全面解决实体间的信任问题和信息孤岛问题，而区块链技术的出现也给当前的法律和监管提出了新问题。区块链因其去中心化、难篡改的特性，成为一个由技术驱动且深刻影响经济、金融、社会、组织形态及治理的综合课题。另外，区块链技术在系统稳定性、应用安全性、业务模式等方面尚未完全成

熟，对上链数据的隐私保护、存储能力等提出了要求。

　　需要注意的是，当前区块链产业已经涉及IT、通信、安全、密码学等诸多技术领域，需要的是一种复合型人才，这对人才培养、学校教育等提出了新的挑战。

　　我们应冷静对待区块链所带来的短期影响，避免价值高估。同时，要进一步完善法规和加强监管，规避区块链技术可能带来的风险问题，这样才能有利于推进产业区块链的健康发展。

第三章

区块链服务于实体产业

阅读指引

近年来，区块链技术与越来越多的实体行业深度融合，在促进跨地区的制造业协同发展、工业互联、智能制造、数据共享，以及金融赋能实体经济方面发挥着越来越关键的作用。区块链技术正走进我们的日常生活，区块链与数字经济方兴未艾、熠熠生辉。

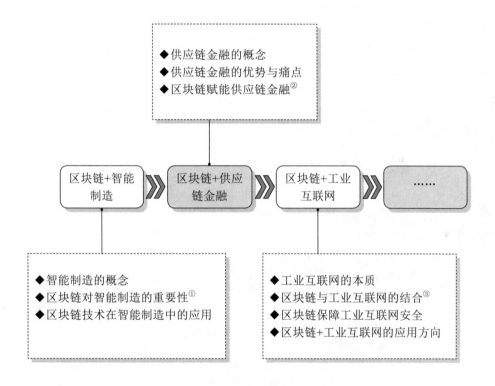

图示说明如下。

① 区块链对智能制造的重要性体现在以下几方面：利于供给侧改革、降低企业成本、提高工作效率、推进工业物联网的实施。

② 区块链技术的成熟，为供应链金融行业的种种痛点提供了完美的解决方案，而"区块链+供应链"的模式，也为资产更安全高效提供更为可靠的保障。

③ 开展"工业互联网+区块链的深度应用和创新发展"相关研究，对促进我国工业生产数字化、网络化和智能化转型，推动实体经济高质量发展具有非常重要的意义。

第一节　区块链+智能制造

区块链融入智能制造的新生态是推进两化深度融合的战略选择，正在为全球信息技术与制造业发展带来颠覆性变革。

一、智能制造的概念

智能制造是一种由智能机器和人类专家共同组成的人机一体化智能系统，它在制造过程中能进行智能活动，诸如电脑分析、推理、判断、构思和决策等。通过人与智能机器的合作共事，去扩大、延伸和部分地取代人类专家在制造过程中的脑力劳动。它更新了制造自动化的概念，使柔性化、智能化和高度集成化具体展现出来。

二、区块链对智能制造的重要性

区块链对智能制造的重要性体现在图3-1所示的几个方面。

利于供给侧改革

降低企业成本

提高工作效率

推进工业物联网的实施

图3-1　区块链对智能制造的重要性

1.利于供给侧改革

通过在实体产品上加持区块链技术，一个产品的任何一个零部件，经过的任何一个流通环节，及当时的具体成本如何，产品质量如何，区块链都可以自证其信。信息的真实流通，可以有效保障智能制造的实施。

2.降低企业成本

基于区块链可信的特点，在实施智能制造的过程中，可省去如供应商背景调查，产品质量入货检测等基于不信任的多余工作；另外，区块链本身还具有去中介化的特点，在传统"互联网+"阶段，虽然已经极大地实现了信息透明，但基于电商的大型平台，其实质仍然是一种平台、一个中介性质的单位，通过导入区块链技术，可再次缩减诸如电商等中间环节，进一步降低实施智能制造的成本。此外，基于区块链的信息透明特点，企业能够在市场上采用最具成本优势的方案。

3.提高工作效率

特有的P2P特性，可以使智能制造中的各种请求不必从中心系统一层层向外传递请求。此外，区块链减少系统流通环节的特点，本身就是提高工作效率的代表。

4.推进工业物联网的实施

首先，区块链在智能制造领域的渗透，将影响现有工业云企业的布局。基于去中心化的特点，工业云平台之间的品牌差异将逐渐被打破，不同品牌之间或会加速主动的兼容。此外，公有云、私有云的概念将逐渐模糊，区块链技术本身而言就集信息透明与隐私保护于一身，突破了公有云、私有云需求环境不同的障碍。

其次，区块链技术对于"数字孪生"的技术发展是一个利好。数字孪生也叫数字双胞胎，是一个包含实体产品全部信息的虚拟数字模型。区块链的信息传递趋向于携带交易产品的全部信息，且区块链会促使交易双方主动地提供交易内容中涉及的全部信息，而这些信息正是构建数字孪生的基础。

最后，基于对信息的需求，将促进物联网传感器产业的大力发展。基于对信息的需求和对实体产品虚拟化的需求，需要大量的传感器对产品特性进行感知，以获取产品虚拟模型。

三、区块链技术在智能制造中的应用

区块链作为数据集成黏合剂，实现了供应链数据上链后信息在各方之间的共享，同时对敏感信息进行保密。它提供了供应链条上下游企业的信息流、物流和资金流无缝整合的机会，有效突破供应链各环节的数据孤岛，对建立统一的供应链大数据非常关键。

区块链不仅可以作为不同主体之间的数据集成黏合剂，还有图3-2所

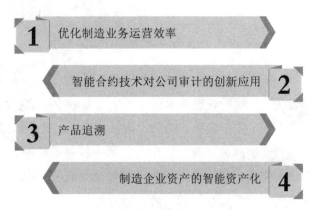

图3-2 区块链技术在智能制造中的应用场景

示的应用场景。

1.优化制造业务运营效率

优化的核心技术是智能合约。智能合约的特点是，同样是彼此之间同意做或者不同意做某事，但无需再彼此信任，这是因为智能合约不仅是由代码进行定义的，也是有代码强制执行的，自动完成且无法干预。

在房地产行业，房地产交易由于金额巨大，交易双方彼此存在信任问题，长期以来主要依赖第三方中介，如果将房产数据在区块链上注册，通过智能合约预定义房产过户条件，如"付款金额100%到账后自动执行房产过户动作"，一旦付款达到100%，区块链将强制执行房产过户，不用担心出现付款了但没有过户的情况，因为这中间完全没有人为介入。

同样的道理，在智能制造领域，供应链付款中也有类似场景，一旦交付货物，客户账号自动执行付款动作，将大大提高交易效率，降低交易成本，规避交易风险。

2.智能合约技术对公司审计的创新应用

通过区块链的智能合约，可以预定义数据及流程的审计条款，可以用来监控是否采购订单都是经过审批的，或者记账与付款权限是否分离等，所有违反审计规范的日常运营都会被记录在案并提醒改善。这不仅能降低企业审核自身数据和流程的成本，还可以与审计员共享数据。

3.产品追溯

传统的产品追溯由供应链条上各家供应商自行维护，自行佐证，但供应商处于自身利益的考虑，不一定会提供真实的产品追溯数据，不利于产品溯源。同时不真实的追溯记录也给追查假冒伪劣产品、产品召回制造了障碍。如果将所有追溯数据上链，这些数据将是完全值得信任的，也不可能被人为篡改。

4.制造企业资产的智能资产化

区块链最开始是成功地应用于比特币，本质上是对数字资产的注册、存储和交易管理技术。这种管理技术可以扩展到金融、经济和货币等各个领域的有形资产（物理资产）及无形资产（股票、概念、信誉、想法、健康数据和信息），任何资产都可以在区块链中注册，形成独立的价值ID，其所有权是被控制私钥的人所掌握，所有者能够通过转移私钥来完成出售资产的行为。制造企业的各类设备、原材料等在区块链注册后，在参与正常的生产制造过程的同时，还可以作为数字资产参与金融交易，智能资产在区块链上的金融属性模糊了上市IPO和非上市企业之间的界限。

　　智能制造区别于传统制造的关键在于知识的产生及应用，知识可以说是工业4.0的核心。知识包括数据的交易一直存在着权属难以明确、数据安全难以保障和数据价值难以衡量的障碍，而区块链正好可以在这几点上大显身手，必将推动全新的知识经济时代的到来。

第二节　区块链+供应链金融

　　在国民经济持续转型升级与产融结合、脱虚向实的大背景下，供应链金融应运而生，它不仅对实体经济有着强大的赋能作用，还正在成为商业银行、电商平台和互金平台竞相争夺的"金矿"，并普遍被业内人士认定为是优质的投资资产。

一、供应链金融的概念

　　供就链金融是以产业链为依托、以交易环节为重点、以资金调配为主线、以风险管理为保证，运用自偿性贸易融资的方式，将金融服务在整条供应链全面铺开，既致力于产业链交易的放大，也实现金融服务的普惠，达成参与企业的合作共赢。

　　其业务模式如图3-3所示。

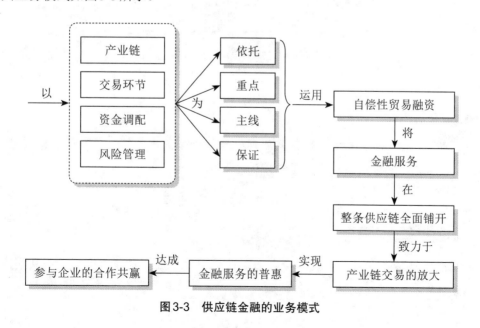

图3-3　供应链金融的业务模式

二、供应链金融的优势与痛点

1.供应链金融的优势

金融与科技的结合是目前业界最新的发展方向。供应链金融是优质资产，最主要的原因在于其风险可控程度较高。具体表现在图3-4所示的3个方面。

优势一　所有融资的信息可控

一是可以明确资金用途，并掌握资金款项的流向；二是可以确保借款人的真实信息及实际经营活动；三是可以掌控相关质押物，必要时可对质押物及时进行处置。如此一来，便将单个企业的不可控风险转变为整个供应链企业的可控风险，在给投资人提供安全的投资项目的同时，还能为企业上下游商家提供盘活资金的需求

优势二　有比较稳定可靠的还款来源

具体表现在通过操作模式的设计，将授信企业的销售收入自动导回授信银行的特定账户中，进而归还授信或作为归还授信的保证。典型的应用产品如保理，其应收账款的回款将按期回流到银行的保理专户中

优势三　资产端经营模式促使风险降低

由于资产端的经营模式基本上属于订单销售，确定性很高，经营风险或者销售风险大为降低

图3-4　供应链金融的优势

小看点

供应链金融还具有贷款周期较短、资金成本较低、收益率较高等特点，这些同样都是优质资产理应具备的要素。

2.供应链金融的痛点

虽然供应链金融拥有种种优质资产的属性，但是它也不是完美无缺的，其痛点依旧存在，具体如图3-5所示。

| 痛点一 | **应收账款无法直接流通** |

核心企业与一级供应商之间的应收账款由于有核心企业的资质承诺，因此一级供应商可以据此进行融资，但是往上游传递受阻，二三级供应商无法利用核心企业的资质，存在融资难问题

| 痛点二 | **融资成本较高** |

供应商以应收账款质押获得的短期资金，融资成本较高的同时，占用银行风险计量资本，提升了杠杆率

| 痛点三 | **信用环境差** |

在仓单质押等场景中，频发伪造虚假仓单骗贷的案件，各个环节的真实性、可靠性存疑

图3-5　供应链金融的痛点

三、区块链赋能供应链金融

区块链技术的成熟，为供应链金融行业的种种痛点提供了完美的解决方案，而"区块链＋供应链"的模式，也为资产更安全、高效提供更为可靠的保障。具体来说，区块链技术可从图3-6所示的四个维度来解决供应链金融的"痛点"。

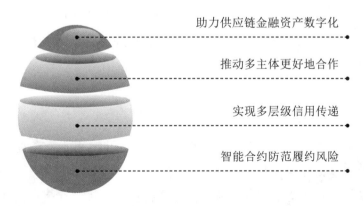

助力供应链金融资产数字化

推动多主体更好地合作

实现多层级信用传递

智能合约防范履约风险

图3-6　区块链金融解决供应链金融"痛点"的维度

1.助力供应链金融资产数字化

资产数字化对于企业来说，是能够降低成本和提高效率的最优解决方案。通过在区块链平台上进行各项登记，可以实现供应链金融各项资产的数字化，进而使之流转起来更容易。而对于资产不可拆分问题的克服，也方便了企业根据自身的需求转让或抵押相关资产，以获得现金流的支持。如此一来，一方面可以大大降低融资成本，另一方面也可以凭借可靠的数字资产来解决融资难的问题。

2.推动多主体更好地合作

供应链金融围绕核心企业，覆盖其上下游中小微企业，这需要商业银行等资金端的支持，物流、仓储等企业的参与，以及企业信息技术服务、金融科技服务等。为此，作为一种信息可追踪与不可修改的分布式账本，区块链技术为各参与方提供了平等协作的平台，能够大大降低机构间信用协作风险和成本。各主体基于区块链上的信息，可以实现数据的实时同步与实时对账，从而使得数据更加可信。

3.实现多层级信用传递

在供应链链条上，经常会有多层供应销售的关系，但在供应链金融中，核心企业的信用往往只能覆盖到直接与其有贸易往来的一级供应商和一级经销商，无法传递到更需要金融服务的上下游两端的中小企业。而区块链平台的搭建，能够打通各层级之间的交易壁垒，从而实现对与核心企业没有直接交易远端企业的信用传递，将其纳入供应链金融的服务范畴当中。

4.智能合约防范履约风险

所谓智能合约，是指一个自动执行区块链上合约条款的计算机程序。智能合约的加入，贸易行为中交易各方即可如约履行自身义务，确保交易顺利可靠地进行下去，而链条上的各方资金清算路径固化，可以有效管控履约风险。

小看点

区块链解决了供应链金融企业间的信用问题与中小企业融资难、成本高的困境，让金融机构能够更高效、便捷、稳健地服务于中小企业客户，确保借贷资金基于真实交易，同时依托核心企业的付款，使得整个产业链条上的企业都能融资，且是安全地融资。

相关链接‹

中国人民银行数字货币研究所推出贸易金融区块链平台

为贯彻落实国家"深化金融改革开放，增强金融服务实体经济能力，推动我国金融业健康发展，服务中小企业"的要求，中国人民银行数字货币研究所（以下简称"数研所"）于2018年9月推出贸易金融区块链平台（以下简称"贸金平台"）。该平台是以共建、共有、共享模式打造的，从金融、税务、监管等多维度服务中小微企业，集开放贸易金融生态、可穿透式监管、公信力于一体的金融基础设施。

业内人士表示，随着我国经济不断发展，贸易规模不断增长，对贸易融资业务的时效性、真实性、协同性、合规性、安全性、隐私性、稳定性等方面提出了非常高的要求。在传统模式下，中小企业申请贸易融资的平均放款期大约在10天左右，而通过贸金平台，约两小时就能实现放款。

极速放款得益于该平台的技术优势。该平台拥有六大创新特点：一是使用数字货币研究所自主知识产权的底层技术；二是创新实现了"监管探针"；三是创新实现了"统一身份"和"自主数据"；四是创新实现了多个维度"隐私保护"；五是创新实现了通信及存储的弹性架构；六是创新实现了"中间件"柔性连接异构系统。

复杂的技术应用简化了传统业务流程中的冗余环节。贸金平台是基于区块链技术的贸易融资平台，鉴于区块链技术中统一账本的实时共享特点，可对症下药，消除信息转移慢、重复融资、统计监管难等问题；同时，基于区块链中信息无法篡改且可追溯的特点，可由源头录入信息，消除了人工重复核验问题，能有效防范虚假融资。此外，区块链的智能合约功能，具有大幅度提高处理效率、降低人工成本等优势。

这一技术已应用在多个领域。目前贸金平台上已经运行了供应链应收账款多级融资、央行再贴现快速通道、国际贸易账款监管、对外支付税务备案表等多项业务。以自动税务备案服务为例，在传统方式下，企业需要多次往返于税务窗口和银行窗口，而现在贸金平台提供自动税务备案服务，一些在传统方式下十几天才能完成的贸易融资业务，通过贸金平台线上受理，最快只需要20多分钟就可以完成。

贸金平台上线近两年来，连接的银行和企业数量不断增加。截至2020年8月底，参与贸金平台推广应用的银行有48家，已完成业务5万余笔，完成业务量累计超过1910亿元人民币。

更多跨境业务正在布局。2019年11月，贸金平台与我国香港贸易联动平台签署合作备忘录，于2020年11月首次实现内地与我国香港区块链平台之间的互联互通，促进跨境贸易金融服务创新，助力我国粤港澳大湾区实体经济合作共赢。

接下来，贸金平台将加快生态建设和全国推广工作，并且准备与亚洲和欧洲同类平台对接，提供更多更便利的贸易融资服务。未来，贸金平台将会连接更多的国家和国际组织下属的同类平台，形成全球贸易融资的"高速公路"。

第三节 区块链+工业互联网

随着社会的不断进步，工业互联网链接规模变大，端到端的链接和交易将更为频繁，需要通过区块链将产业链上下游间的数据上链，并为工业"网络化生产"推进中遇到的生产协同、工业安全、信息共享、资源融合等挑战提供相应的解决方案。

一、工业互联网的本质

工业互联网是全球工业系统与高级计算、分析、感应技术以及互联网连接融合的一种结果。

工业互联网的本质是通过开放的、全球化的工业级网络平台把设备、生产线、工厂、供应商、产品和客户紧密地连接和融合起来，高效共享工业经济中的各种要素资源，从而通过自动化、智能化的生产方式降低成本、增加效率，帮助制造业延长产业链，推动制造业转型发展。

二、区块链与工业互联网的结合

工业互联网的核心是通过互联网把设备、生产线、工厂、供应商、产品和客户紧密地连接融合起来，形成跨设备、跨系统、跨厂区、跨地区的互联互通。区块链技术是一种具有多中心、数据不可篡改、可溯源等特性的全新基础架构与分布式计算范式，在工业互联网领域的创新应用前景广阔。

区块链具有可信协作、隐私保护等技术优势，可与工业互联网实现深度融合，尤其是在工业互联网数据的确权、确责和交易等领域有着广阔的应用前景，为构建国家工业互联网数据资源管理和服务体系提供了坚实技术基础。开展"工业互联网+区块链的深度应用和创新发展"相关研究，对促进我国工业生产数字化、网络化和智能化转型，推动实体经济高质量发展具有非常重要的意义。

三、区块链保障工业互联网安全

运用区块链技术能够从图3-7所示的几个方面保障工业互联网安全。

图3-7　区块链技术保障工业互联网安全

1.保障工业互联网数据安全

区块链技术可用于保障工业互联网中各类数据的真实性与完整性，实现数据权益保护。将工业互联网采集数据存储在区块链上，能够从源头保护工业互联网数据完整性，方便对工业互联网数据的取证、鉴定、保全以及出证，保障数据在全生命周期的证明力。将工业互联网标识数据存储在区块链上，方便对标识身份进行分布式验证，支撑对标识数据进行全生命周期的可信管理，包括注册、主体身份信息变更、属性数据更新、注销回收等。

2.实现工业互联网可信共享协作

区块链技术可用于实现工业互联网中的信息可信共享协作，通过智能合约实现工业互联网信息的多方共识验证，防止信息被篡改，同时结合匿名隐私保护技术，实现信息的安全共享与可信的价值交换，提升工业互联网安全可信生产能力。利用区块链技术打通跨企业、跨平台的可信数据交互渠道，实现可信、可追溯的数据录入和基于身份认证及访问控制的数据共享，保障企业及平台方的数据权属，支撑工业互联网数据治理，促进工业互联网企业及平台的互联互通。

3.支撑工业互联网监管审计

传统的信息化模式对于已经形成的数字化文件信息在各个节点的传递过程中，缺乏强大的数据保护措施，会出现数据文件的失窃和篡改的可能性。利用区块链多方参与的特性，在区块链网络中接入监管节点，可以在不影响原有生产及操作流程的基础上，快速同步区块链存储数据，支撑监管部门对工业互联网数据进行柔性监管与合规审计。

4.促进工业互联网安全事件联动响应

区块链技术可用于对安全信息与安全事件进行记录,有助于信息共享、攻击溯源以及事件关联分析,通过智能合约设计安全风险的识别与响应策略,能够实现全网快速的安全信息更新与安全事件响应联动,能够更好地落实应急响应策略,提升自动化响应效率。

5.提升工业互联网攻击恢复能力

区块链技术可用于对被破坏系统进行灾难恢复,通过全节点备份为其中存储的数据提供快速恢复的能力,改变了原有体系的备份模式,能够实现异地多节点的快速共识与备份,降低了攻击、灾害的影响程度,提升了攻击者造成大规模攻击伤害的难度。

6.加强核心技术安全可靠

我国在区块链领域拥有良好基础,密码技术研究基础扎实,既具备国际主流密码技术的运用能力,又拥有自主密码算法、密码设备及其他基础设施。密码技术是区块链技术的关键与核心,通过密码算法的国产化替代能够把握区块链技术的自主权,从而提升区块链技术应用的可控性与可靠性。

四、区块链+工业互联网的应用方向

工业互联网被认为是互联网发展的下一站,区块链技术被认为是对互连网底层逻辑的革新,两者的碰撞必将擦出不一样的火花,有望在多个领域实现融合发展。

1.物流系统

基于共识、溯源、不可篡改三大特性,将区块链系统用于工业网络的物流系统后,能够实现整个产业中的上下游企业的互联互通,打破企业间数据不互信的壁垒以及依赖第三方机构提供可信服务的问题。

2.过程、资金流系统

工业企业的基本运作流程包括市场需求、技术设计、客户认可、项目采购、制造生产、技术检验以及发货。所有的环节都存在交易,将这些环节用区块链技术串联起来,可以使得任何一步操作可信、不可抵赖以及不可篡改。基于这些,区块链技术对质量的管控、交易资金流和物流的可靠性都是非常有效的。

3.企业监管

传统的信息化模式对于已经形成的数字化文件信息在各个节点的传递过程中,缺乏强大的数据保护措施，会出现数据文件的失窃和篡改的可能性。不少企业为了减轻自身的负担，会想方设法在数据上做手脚，以此来逃避需要缴纳的费用。引入基于区块链的数据监测方法，可以保证记录数据的完整性来减少社会损失，同时这也是巨大的市场机遇。

第四节　区块链+产品溯源

国家治理层面正在强调产品"可追溯"，尤其是食品与药品安全等领域。而区块链技术以其信息公开透明、不可篡改、可追溯等特性为商品溯源带来了新的希望。

一、溯源的概念

溯源是一个能够连接产品生产、检验、监管和消费各个环节的生产控制系统，能够对产品进行正向、逆向、不定向的追踪管理，实现产品来源可查询、去向可追踪，保障产品的质量安全。

区块链溯源就是利用区块链技术独有的去中心化、不可篡改、分布式存储等特点，实现产品的全生命周期追踪溯源，了解产品的整个产业链，将数据展现在厂家、消费者、经销商面前，实现沟通桥梁，并通过运用大数据、区块链等技术提高商品追溯的准确性，完成营销活动和数据收集分析工作。

二、区块链在溯源上的优势

基于区块链的特性，其在溯源上存在天然的优势，如图3-8所示。

1. 多方主体信任背书，区块链去中心化，降低了信任背书的难度，能组织到更多的供应链参与方，补充和共同维护更多的商品数据，提高用户的信任度

2. 溯源实现有效追责，区块链技术的不可篡改、时间戳等特性，让交易可追溯，供应链数据被篡改时，可实现有效追责。商品信息透明真实，消除假冒伪劣问题

3. 打破各方信息孤岛，供应链各方共同维护数据源，且公开透明，确保参与各方及时发现运行过程中的问题，以及对应的解决办法，有助于提升供应链管理效率

4. 保护用户隐私信息，区块链在匿名性的基础上，还通过多种加密、验证方式等多种技术手段，有效保护用户的个人隐私，提高其信任感

图3-8　区块链在溯源上的优势

小看点

通过区块链溯源，可以保证上链的信息真实不可篡改，方便消费者买卖和分享，通过二维码直接购买同款产品，无需再花时间搜索，这是利用区块链溯源技术对购物模式的一种突破。

三、区块链在产品溯源中的应用

区块链技术在产品溯源中的应用主要体现在图3-9所示的4个方面。

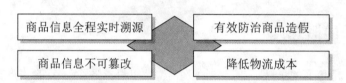

商品信息全程实时溯源		有效防治商品造假
商品信息不可篡改		降低物流成本

图3-9　区块链在产品溯源中的应用

1.商品信息全程实时溯源

溯源的本质是信息传递，而区块链本身也是信息传递，数据做成区块，然后按照相关的算法生成私钥、防止篡改，再用时间戳等方式形成链，这恰恰符合商品市场流程化生产模式，商品流通本身就是流程化的，原料从原产地经过一道道工序生产出来，信息也是从原产地的信息到一道道加工的信息产生的，从原材料到加工到流通最后到销售，是一个以时间为顺序的流程化的过程，区块链内信息同样也是按时间顺序排序，并且可实时追溯的，两者完美契合。

 资讯平台

在食品安全领域，零售巨头已开始尝试区块链溯源技术。2020年6月沃尔玛旗下会员制商店山姆会员商店启动"2020年品味山姆"活动，首次在商品中展示通过山姆区块链可追溯平台为会员提供食品溯源服务，顾客可以通过扫描商品上的二维码，了解商品信息、批次追溯信息、原材料检疫报告、加工流程检验报告、生产所在地、供应商信息等。沃尔玛基于 VeChain ToolChain 平台的技术架构，根据食品安全及供应链管理的需求，快速搭建了自有的山姆区块链可追溯平台，目前已有20多个品类的商品纳入山姆区块链可追溯平台，包括山姆自有品牌 Member's Mark 多款鲜猪肉、鸡肉、蔬菜、干货等商品。

2.商品信息不可篡改

区块链技术特有的去中心化存储，不依赖于某个组织和个人，利用可信的技术手段将所有信息公开记录在"公共账本"上，链上的数据具有时间戳且不可篡改，一旦不可篡改的信息被建立了，相当于确定了现实世界的商品在互联网世界的唯一身份，相应的信息也会永久记录在链上，而且实现了基于这个身份流转的所有的追踪和记录。

当前的区块链防伪溯源的落地应用项目大多是基于公链或者联盟链来建立的。

比如，传统信息只对接给一个中心的记账方式，从技术的角度来讲信息是可以被篡改的，但是有了区块链以后，所有信息一旦记录到区块链上就无法更改，而京东区块链的信息记录不止在京东有，在品牌商也有，在检测机构也有，在政府监管部门也有，就解决了信任问题。

3.有效防治商品造假

因为链上信息不能随意篡改，商品从生产到运输再到最后销售，每一个环节的信息都要被记录在区块链上，可以确保商品的唯一性，所以假货信息无法进入区块链系统。除非链上某个厂商（节点）故意用假货替换正版商品，即使这样，被他替换的正版商品也将无法被销售，这样做对他来说反而会产生负收益。

4.降低物流成本

区块链上的数据，由监管部门对产品信息储存、传递、核实、分析，并在不同部门之间进行流转，完成统一凭证、全程记录、企业征信，能够有效解决多方参与、信息碎片化、流通环节重复审核等问题，从而降低物流成本、提高效率。

 相关链接

腾讯助力张裕"一物一码"防伪溯源

假冒伪劣商品向来是世界性难题，尤其是葡萄酒等高价值商品，往往难以逃脱被造假仿冒的风险。消费者对"真假"存疑，正规品牌深受其害，这类问题该如何解决？

2020年7月30日，腾讯安全领御区块链宣布与百年张裕达成战略合作。基于腾讯云平台和区块链技术，腾讯领御为张裕打造高端葡萄酒区块链溯源平台。初期以七大酒庄产品为主，基于"一物一码"防伪系统，同时打通张裕品牌小程序，利用区块链防篡改属性，实现400万瓶酒庄酒的全流程信息的上链追溯，助力张裕葡萄酒打通消费者"验真"和企业"防伪"双向机制，实现品牌安全管理体系升级。

·全流程信息上链，破解酒业防伪溯源难

酒类商品流通性强，不法商贩极易利用商品链条各个环节中的漏洞和信息不对称，制造假冒伪劣商品以次充好。因此，建立溯源体系是酒类企业防伪工作的重中之重。

然而，传统溯源系统的中心化、信息孤岛、可信度低、恶意窜货等痛点一直为品牌商和消费者所诟病。一方面，商品流通环节的主体之间存在大量的交互和协作，由于信息不透明、不流畅，导致链条上的各参与主体难以准确了解相关事项的状况及存在的问题；另一方面，某些环节主体很有可能篡改账本或者谎称信息由于某种原因丢失，甚至是抵赖、推卸责任，造成举证、追责困难。

为解决这些难题，腾讯安全领御为张裕打造的区块链溯源方案，提供区别于传统溯源系统中心化数据存储的新信任机制，根据数据溯源的产生和使用过程，管理数据溯源信息，具备可追溯性和反篡改性；同时每批次（个）产品区块链码ID唯一，平台对每条信息进行数字签名，打造唯一"身份证"，最终实现对商品从生产、流通到消费的全生命周期管理。

·区块链防伪溯源应用深化，助力企业品牌安全体系升级

基于腾讯安全领御区块链打造的区块链溯源服务平台，张裕葡萄酒商品经过"一物一码"的标识，将全过程流转的信息写入区块链，方便企业最大限度地了解产品流通的全过程，并对相关数据信息进行监测，优化渠道管理、提高供应链效率、节约物流成本。消费者也可通过微信扫一扫快速判断商品真伪，买得更放心。

在品牌安全建设层面，通过腾讯安全领御区块链溯源服务平台，企业可清晰掌控生产流通各环节信息，追溯流向防止窜货；第一时间发现、感知、阻断、溯源恶意造假行为，杜绝恶意篡改；问题产品及时召回，避免假冒伪劣产品流向市场，影响品牌在消费者心目中的形象。

此外，腾讯安全领御区块链还将依托腾讯云平台生态优势，部署张裕区块链溯源联盟链，拓展性更强，后期可随着业务拓展按需增加，实现张裕葡萄酒、白兰地、进口葡萄酒等全系列产品的上链追溯；同时，为各地酒类产品生产和流通监管部署联盟链节点，实现对链上节点进行监管，促进张裕葡萄酒的品牌可信度和品牌价值提升。

此次腾讯安全领御与百年张裕合作，建立了国内首个高端葡萄酒区块链溯源系统，对于打造国内葡萄酒溯源生态，推动高端酒品溯源行业标准制定都意义重大。

第五节 区块链+数字版权

区块链技术可实现对数字内容的全生命周期管理，解决数字内容的确权、用权、维权、交易等环节存在的问题，其应用越来越受关注。国家版权保护中心及多省市政府积极推进区块链技术在数字版权领域的应用。

一、数字版权的概念

关于数字版权，目前学界、业界尚无统一的定义。从现有的对数字版权的讨论中，我们可以将数字版权理解为数字作品的创作者享有的对数字作品进行保存、复制、发行并以此获得相应利益的权利。

数字版权所对应的的数字作品主要有两类，如图3-10所示。

传统作品的数字化，如将纸质版书籍转化成电子版

类别

原生数字作品，即图文影音、软件、游戏等以数字化的方式在互联网络上存在、流转的智力产品

图3-10　数字版权所对应的数字作品

数字版权管理技术主要有数字水印、数字签名、数据加密等，主要利用区块链和密码学技术，为数据内容进行鉴权、确权、授权，从而防止非法滥用。利用区块链的数字结构来验证存储数字版权的核心数据，其实就是分布式存储并保证了数据安全。

二、传统数字版权保护体系的痛点

从数字版权的发展趋势看，传统数字版权保护体系存在亟待解决的痛点，主要体现为图3-11所示的3个方面。

1.确权存证难

由于技术限制，原有的数字作品版权登记往往需要准备材料，流程烦琐，时间长，耗费较多精力，无法满足当前市场作品量多、传播快的需求，也导致数字版权拥有者登

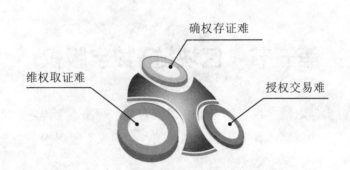

图3-11 传统数字版权保护体系的痛点

记意愿低。同时，数字作品形式多样，目前业界尚无统一的规范化的版权存证体系规范，加大了数字作品的存证登记流程的耗时和成本。

2.维权取证难

互联网络上每时每刻都在涌现出大量的数字作品，原有的数字版权管理体系难以实现有效监控，同时由于网络侵权行为有隐蔽性、跨地区性等特点，加上侵权技术手段更新快，侵权方式也越来越多样，侵权内容也容易被删改甚至销毁，因而很多时候无法及时获取侵权证据，导致司法证据材料收集、认定困难，维权难以实现。

3.授权交易难

由于现有的数字版权利益分配体系尚不完善，数字版权收益难以公平有效地在原创作者和相关机构间分配，特别是在复杂的互联网环境下，数字作品的发布渠道更加多样化，版权使用方式也各不相同，原有的版税结算和版权收益体系无法有效地解决变化中的价值流动分配，无法很好地保障创作者、消费者和平台方的权益。

三、区块链构建可信数字版权生态

凭借数据不可篡改、防伪可追溯等特点，区块链技术能够与数字版权保护达到天然耦合，帮助更多创作者实现价值最大化，并以人人参与的全新模式推进版权保护意识的全方位渗透，向世界诠释原创与内容的价值所在。

1.确权环节

在版权确权阶段，依托区块链技术将数字作品的数字ID、创作时间、作者信息等详细数据打包上链，利用区块链的分布式存储、时间戳、共识算法实现作品信息的不可篡改，明确版权归属主体、留存作品信息，快速完成原创作品的版权登记认证。整个流程完全简化了传统版权登记环节，降低登记成本和登记周期，以此吸引更多创作者在作品创作之初就能完成确权登记。

2.交易环节

版权交易环节中，可根据创作者、供应商等多方合同约定，通过区块链智能合约，实现自动、透明的版权交易与支付，防止交易纠纷的出现，杜绝因交易不明而引发的侵权行为。

3.存证环节

发生侵权事件后，在维权存证阶段可利用算法对链上所有作品信息进行分析比对，一旦发现疑似侵权的作品，就进行网页截图和录屏取证，并且利用区块链技术数据不可篡改的特点，永久记录在区块链中，保证取证资料的可信度，为后续维权提供强有力的证据支撑。

4.维权环节

在维权阶段，创作者以节点身份将取证阶段存储的证据区块上传至司法机构的联盟链中，实现电子证据的互联互通。法院可依据用户提交的版权文件和相关证据对侵权主体进行溯源检验，最后做出相关裁决，整个过程方便高效，最大限度地保障了创作者本身的权益。

四、区块链赋能数字版权保护

区块链技术因其具有数据不可篡改、防伪可追溯等特点和数字版权保护天然契合，给数字版权保护带来新解决方案。具体如图3-12所示。

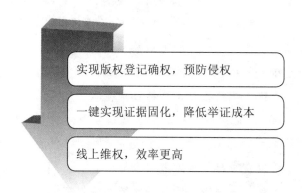

实现版权登记确权，预防侵权

一键实现证据固化，降低举证成本

线上维权，效率更高

图3-12 区块链赋能数字版权保护

1.实现版权登记确权，预防侵权

在数字版权确权时通过区块链技术，将图片、音乐、视频等数字内容作品的数字摘要哈希值、作者信息、作品创作时间等信息快速打包上链，利用分布式存储、时间戳、共识算法等技术实现上述信息数据不可篡改，达到版权归属明晰和证据固化作用，完成原创数字作品版权登记认证过程。

2.一键实现证据固化，降低举证成本

对侵权行为进行存证，利用区块链数据不可篡改的技术特点，通过特征值分析比对算法，发现疑似侵权行为；进一步通过网页截屏、视频录屏等方式，对疑似侵权行为和内容，实现在线一键取证，并记录至区块链中，实现了可信度高、取证成本低的司法取证手段，为后续维权提供了技术支持和司法证据。

3.线上维权，效率更高

区块链将侵权记录存储于区块链上，并可通过跨链方式连接互联网法院司法区块链，或者以联盟成员节点身份与互联网法院、公证处、司法鉴定中心、仲裁委和版权局等司法机构，构建区块链司法联盟链，从而实现电子证据与司法系统互联互通，在线上实现快速举证、立案、审理、执行等流程，可以极大地提高司法效率，减少维权成本。

 **相关链接**

版权区块链亮相服贸会

2020年服贸会期间，北京互联网法院与北京版权保护中心共同搭建的版权链-天平链协同治理平台正式启动。该平台搭建了"双标统一""双链协同"的可信数字版权生态，这也是全国首个版权领域行政-司法协同治理机制。

为展示版权链和天平链共同构建的可信数字版权生态，展示区块链技术在版权管理、版权保护和产业赋能领域解决方案，展示出版、图片、音乐、艺术品等领域重点项目的最新应用示范成果，积极推进区块链技术在版权产业的发展应用，在北京市委宣传部（北京市版权局）、北京市高级人民法院指导下，北京版权保护中心、北京互联网法院、首都版权协会共同举办的"版权链-天平链协同治理平台发布会暨可信数字版权生态重点示范项目发布会"于2020年9月6日在北京国际会议中心举行。

据了解，版权链、版权证书链、版权保护链和版权交易链统称版权链，共同构成了版权产业的可信数字基础设施。据悉传统版权证书（纸质证书、电子证书）所能呈

现的版权信息有限，易篡改、易伪造，导致证书法律效力不足。数字版权证书具有信息容量大的特点，可以完整记录作者、著作权人、作品、作品文件、权利证明文件的信息。数字证书利用哈希技术，锁定证书的数据项，建立数据项之间的唯一关系，保证了证书内容可信。数字证书利用非对称加密技术，实现证书防篡改、防伪造。由数字证书生成的电子证书和纸质证书，构成了可信证书体系。在数字经济时代，数字版权证书实现了版权资产数字化，成为版权资产唯一可信的价值载体。

第六节　区块链+医疗健康

在医疗健康领域，患者个人的医疗数据一直是较为隐私的资源。区块链技术的应用很好地保存了医疗健康领域的居民数据、药品来源信息等敏感数据。

一、区块链在医疗健康领域的发展

在医疗信息的快速崛起下，互联网+医疗健康、医疗大数据等多种新兴概念被提出，因区块链技术安全可信，数据不可篡改的优势，突破了医疗技术如何进行储存、管理等限制行业发展的瓶颈问题。

二、区块链与医疗健康的结合

近年来，我们国家对科技领域的支持力度空前巨大，区块链已成为新科技周期的一个起点，区块链与医疗领域的结合，受到许多专家学者及企业的高度重视，发展非常迅速。

在医疗领域，对于患者来说，区块链可以发挥如图3-13所示的优势。

1 方便让医生了解患者的过往病史，从而能够更准确地进行诊断

2 避免不必要的重复检查和医学成像，减少医疗费用支出

3 个人数据自己作主，既可防范个人信息泄露导致上当受骗，又能通过信息授权获得收益

图3-13　区块链对于患者的优势

对于医院而言，区块链可以发挥如图3-14所示的优势。

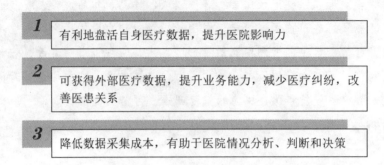

1 有利地盘活自身医疗数据，提升医院影响力

2 可获得外部医疗数据，提升业务能力，减少医疗纠纷，改善医患关系

3 降低数据采集成本，有助于医院情况分析、判断和决策

图3-14　区块链对于医院的优势

三、区块链在医疗健康领域的应用

1.病历管理

区块链采用数据多节点、分布式多重存取的方式，保证用户信息的真实性、完整性和不可篡改的特性，任何试图伪造、更改医疗数据的行为在链上都是行不通的。

对于医院来说，可以提高工作效率，患者在就医时，医生不需要再给患者进行已做过的相关检查，直接查看历史数据就可以了。

2.隐私保护

不同于一般行业的数据，医疗数据具有其特殊的敏感性和重要性。然而，因为一些内部失误、商业行为等原因导致个人隐私被泄露。

区块链的加密和去中心化的特点或许可以成为保护用户隐私安全的最后一道屏障，如图3-15所示。

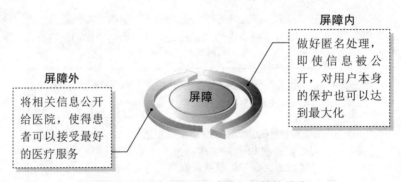

屏障内
做好匿名处理，即使信息被公开，对用户本身的保护也可以达到最大化

屏障外
将相关信息公开给医院，使得患者可以接受最好的医疗服务

屏障

图3-15　区块链成为用户隐私保护的屏障

3.数据共享

由于数据化程度低，各医院之间存在着明显的信息不对称现象。

比如，在A医院做过一些检查，由于信息无法同步，到了B医院还要再做一遍，耗时、耗力、耗钱。

区块链本身的共享功能可以有效地解决这个问题，同时从社区自治的角度可以很好地促进数据共享。

小看点

　　使用区块链技术保证患者的医疗信息只在合理范围内进行共享，避免隐私数据泄露，同时防篡改技术成功保障了患者的医疗数据安全。

4.就诊流程

到医院看病是一个非常耗时、耗精力的过程，经常要花费一天的时间，早起排队挂号，然后填写病历，等待就诊，然后开始面诊，面诊完拿着单子继续排队缴费，最后去取药。

面对看病难的问题，智能合约或许可以解决。它的最大作用就是自动化执行相关程序流程，减少人员参与的环节，提高效率。同时还能够实现大部分计费、支付程序的自动化，跳过中间人，降低行政成本，为患者和医疗机构节省时间。

5.药品溯源

区块链技术可以为医药追溯系统提供数据支持，记录每一盒药的流通过程，把药品生产、医药流通过程的数据记录到区块链系统中，与上下游企业共同建立节点，确保医药数据的安全、透明。

6.处方管理

所有信息上链后都不能更改，因此区块链电子处方可以保证处方的真实性、安全性。

同时可以让患者拿着处方单在外开药，实现医疗机构处方信息、医保结算信息与药品零售消费信息互联互通、实时共享。

资讯平台

　　2017年，阿里健康宣布与常州市合作医联体＋区块链试点项目，这也是第一个基于医疗场景实施的区块链应用。

以当地一家卫生院的分级诊疗为例，过去各大医疗机构之间的信息是不互通的，无法实现病例的授权和流转，造成很多不必要的麻烦。

而现在引入了区块链技术，社区的病例可以直接授权给上级医院，医院接到后可以第一时间了解病人信息，不再需要二次检查，真正实现了早发现早治疗。

腾讯与医院合作打造微信智慧医院，从挂号、支付环节入手，用微信解决患者就诊全流程。

为了使环节更加简便，腾讯还与社保部门合作，推出了微信社保卡。

同时着眼于医疗处方，在柳州实现了全国首例院外处方流转服务，院内开处方，院外购药，甚至送药上门，为患者带来了极大的便利和安全性保障，也推动了医疗生态的升级。

从国外来看，IBM、谷歌、飞利浦等企业也正在进行区块链技术在医疗领域的落地探索。

2017年年初，IBM沃森健康部门（IBM Watson Health）与美国食品药品监督管理局（FDA）签署研究计划，探索区块链技术在公共卫生保健方面的应用，包括医疗记录、临床试验、基因组数据及来自可穿戴设备、物联网的健康相关数据。

谷歌在区块链+医疗方面的应用更进一步，推出DeepMind区块链医疗数据审计系统，在保障系统安全、可共享的同时，允许医务人员从病人简历中获得医疗预测分析，将系统出错率降到2%以下。

不仅是顶级科技巨头强势进入，持续在医疗器械产品领域发力的飞利浦也在逐渐加大对区块链的投入。

2015年10月，飞利浦与区块链公司Tierion合作首个区块链+医疗项目，将医疗数据收集并记录到区块链上。为了保护医疗数据隐私，飞利浦开始制定医疗行业数据标准。

不难发现，区块链和医疗行业相结合会解决很多行业痛点，同时也极大地降低医疗行业的经营成本。虽然目前普及率较低，但随着区块链技术的不断发展，医疗领域一定会越来越好。

第二部分
数字经济与通证技术

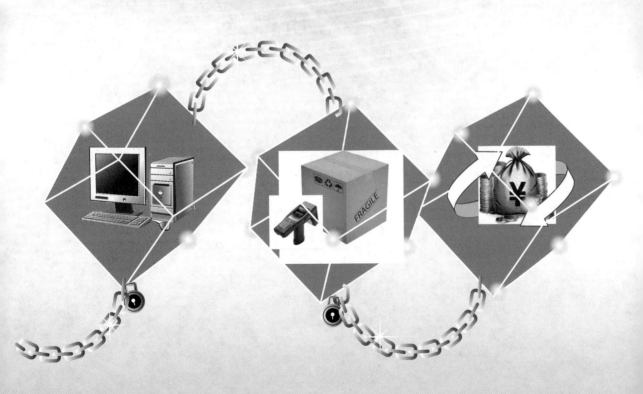

第四章

数字经济概述

阅读指引

　　当前，信息网络技术加速创新，以数字化的知识和信息作为关键生产要素的数字经济蓬勃发展，新技术、新业态、新模式层出不穷，成为"后国际金融危机"时代全球经济复苏的新引擎。

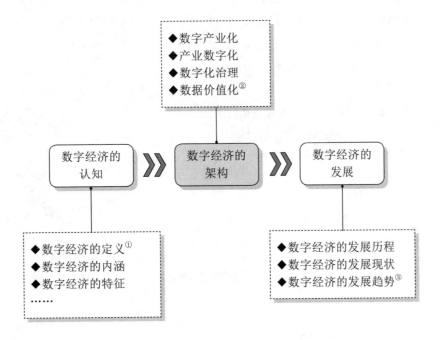

　　图示说明如下。

　　① 数字经济是指以使用数字化的知识和信息作为关键生产要素、以现代信息网络作为重要载体、以信息通信技术的有效使用作为效率提升和经济结构优化的重要推动力的一系列经济活动。

　　② 价值化的数据是数字经济发展的关键生产要素，加快推进数据价值化进程是发展数字经济的本质要求。

　　③ 未来，随着新型基础设施建设的加快，云计算、大数据、人工智能等技术创新和融合应用的进一步发展，实体经济数字化转型将迎来新的发展期，数字经济发展规模将进一步提升。

第一节　数字经济的认知

当前，以信息技术和数据作为关键要素的数字经济蓬勃发展，并成为推动各国经济增长的重要力量。经过近年快速发展，我国已成为名副其实的数字经济大国。

一、数字经济的定义

2016年G20杭州峰会发布的《二十国集团数字经济发展与合作倡议》给出了一个权威的定义，其中指出："数字经济是指以使用数字化的知识和信息作为关键生产要素、以现代信息网络作为重要载体、以信息通信技术的有效使用作为效率提升和经济结构优化的重要推动力的一系列经济活动。"如图4-1所示。

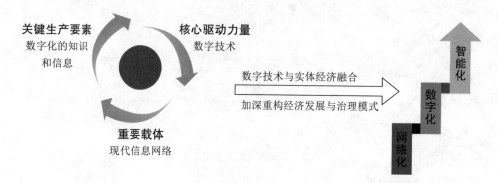

图4-1　数字经济的定义

二、数字经济的内涵

从人类经济社会演进的历史长河中审视数字经济，与传统的农业经济、工业经济相比，数字经济的真正内涵体现在图4-2所示的4个方面。

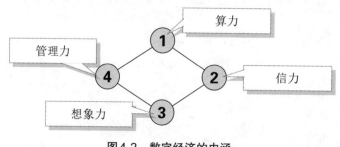

图4-2　数字经济的内涵

1.算力

主要包括运算速度和存储量。这是数字经济时代区别于农业经济和工业经济最为直观的表征。早在20世纪60年代，英特尔创始人之一戈登·摩尔就提出了著名的摩尔定律，当价格不变时，集成电路上可容纳的元器件的数目，每隔18～24个月便会增加一倍，性能也将提升一倍。近几年，随着现代信息化技术的发展，尤其是移动互联网、大数据、算法、云计算等的发展，进一步提升了算力，推动着人类经济快速向数字化转型。摩尔定律反映出数字经济算力的提升，有效地提升了经济的运行效率，但应该注意的是，算力作为一种经济手段，并不能脱离实体经济。

小看点

有效利用数字化技术，向数字化转型是未来的大势所趋，但应推动实体经济与数字化深度融合。

2.信力

主要是数字经济时代的安全。农业经济和工业经济时代也存在着经济安全问题，但当时人类对技术依赖性不强，经济安全的问题影响范围有限。然而，尤其是当前数字经济高级阶段人工智能时代的来临，经济对技术的依赖越来越大，经济安全也越来越受到重视。一旦出现安全问题，对人类文明的冲击有可能是致命的。人类在过度依赖技术发展的同时，也会给自身安全造成极大的风险。应该谨防技术在发展过程中对人类威胁。

比如，埃隆·马斯克就多次发出警告，要关注人工智能发展带来的安全问题，警惕人工智能危害人类文明，甚至会毁灭人类文明。

3.想象力

数字时代创造出一个全新的虚拟空间，这是数字时代保证人类发展的核心力量。人不仅生活在物理空间，也生活在数字虚拟空间，随着数字经济向深度和广度发展，虚拟空间将有可能成为人类主要生活的空间。在虚拟空间中会重塑作为人类的生物感知，人的想象力将会得到最大限度地释放，也将会增强人类的创造力。在物理空间中，人的幻想与希望、享受与痛苦总不免要与人发生不同程度的交流，能否找到认同还依赖于交流的对象；在虚拟空间中，人的活动更多地是与自己的对话，更加有利于人认识自己，获得认同。人在真实世界中通过劳动创造财富和繁衍后代，而在数字空间中通过创造数据与算力，创造财富。

因此，在推动实体经济传统产业向数字化转型的过程中，如何通过模式创新、业态创新等手段，有效激发人在虚拟空间中的想象力显得尤为关键。

4.管理力

数字经济时代的算力、信力和想象力，能否有效得到发挥，以服务于高质量的经济增长和人类高品质的生活，依赖于管理力。需要注意的是，这里的管理力与平常所谓的管理能力不同，数字时代的管理力指的是算力、信力和想象力等三个要素的系统应用，影响到数字世界价值的存储、输入、输出以及各种运算，将是未来数字世界的高级核心竞争力，甚至是虚拟的"国界线"。管理力的重要体现，是如何有效地连接物理空间和虚拟空间，如何让个人既能够认知世界，又能够寻找到广泛认同，并创造和实现价值，而不会导致技术发展只是给大多数技术精英带来效益，让绝大多数普通人成为"无用阶级"。

三、数字经济的特征

为了避免泛化数字经济存在的风险，有效发挥数字化技术对实体经济的支撑，可从图4-3所示的3个方面来把握数字经济独有的特征。

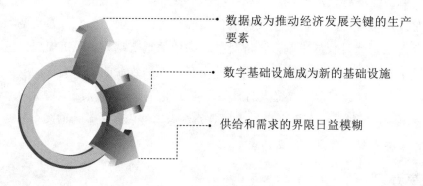

数据成为推动经济发展关键的生产要素

数字基础设施成为新的基础设施

供给和需求的界限日益模糊

图4-3　数字经济的特征

1.数据成为推动经济发展关键的生产要素

在农业经济时代，经济发展依靠的关键生产要素是土地和劳动；在工业经济时代，经济发展依靠的关键生产要素是资本和技术；在数字经济时代，经济发展依靠的关键生产要素是数据。数据是未来企业和国家之间竞争的核心资产，是"未来的新石油"。农业经济和工业经济时代的关键生产要素，面临着稀缺性的制约。然而，当数据成为一种关键的生产要素，只要有人的活动，数据的生产就是无穷尽的，加之数字化技术可复制和共享，从根本上打破了稀缺性生产要素的制约，成为推动经济持续发展的根本保障。

2.数字基础设施成为新的基础设施

在数字经济时代，数据成为推动经济发展的关键生产要素，改变了基础设施的形态，数字基础设施成为新的生产要素。一方面是加大投入资金，推动无线网络、云计算、宽带、云储存等信息基础设施的普及和推广，加大对劳动者数字素养的培训；另一方面是利用数字化技术，对传统的基础设施进行数字化改造，通过在传统基础设施上安装传感器，实现数字化转型。

3.供给和需求的界限日益模糊

从传统的经济形态看，供给侧和需求侧相互分离。工业化早期物质比较稀缺，需求的满足取决于供给的产品，著名的"萨伊定律"供给自动创造出需求，表达了物质尚为稀缺的时代，供给侧和需求侧之间的关系。即便是经济发展到一定阶段，已基本解决了稀缺的问题，完全按照消费者的需求来生产相关产品，在技术和效率层面也不可能，供给侧和需求侧分离的关系并没有改变。然而，到了数字经济时代，数字化技术的成熟，推动供给侧和需求侧逐渐走向融合。

四、数字经济的类型

数字经济正全面提速发展，数字经济总量的背后是数字经济的5种类型推动着社会经济发展形态的演进，如图4-4所示。

图4-4　数字经济的5种类型

1.基础型数字经济

基础型数字经济主要体现为数字基础设施的建设，包括数字产品和数字服务的生产和供给，如电子信息制造业、信息传输业和软件信息技术服务业等。基础型数字经济侧重于物理数字基础设施，体现了数字经济的"硬实力"。

2.资源型数字经济

资源型数字经济体现了数据资源的利用，包括潜在的数据资源及数据资源的利用。资源型数字经济体现了数字经济的"软实力"。

3.技术型数字经济

技术型数字经济主要体现为数字经济领域的前沿技术、颠覆性技术的投入，以及围绕技术转移、转化带来的技术输出。

4.融合型数字经济

融合型数字经济主要体现为通信技术、网络技术等与传统产业的融合带来的规模增长，其重点指与第一、第二产业的融合。

5.服务型数字经济

服务型数字经济主要指数字技术与第三产业的融合，是针对消费者各方面生活需求提供的便捷、高效、快速的数字服务。

五、数字经济包含的内容

数字经济大致包括图4-5所示的三方面内容。

1 数字经济的核心层，包括一些关键的数字基础设施和数字技术，比如5G通信设备、芯片、基础性软件

2 软件和信息技术服务业，一般性的数字技术应用型的产业，比如跨境电子商务、社交媒体，以及一般性的软件和信息技术行业

3 更广泛的数字化应用部门，比如传统制造业的数字化、医疗、旅游、教育等领域的数字化

图4-5　数字经济的内涵

六、数字经济的意义

数字技术将构建新的产业生态，形成更强大的创新活力，数字经济将引领新一轮经济周期，成为经济发展的新引擎。具体来说，数字经济的发展具有图4-6所示的意义。

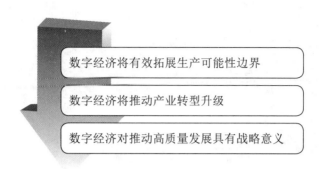

图4-6 数字经济的意义

1.数字经济将有效拓展生产可能性边界

我国总体上已进入工业化后期阶段，经济增长呈现结构性减速。发展数字经济，加快产业数字化智能化改造和先进技术扩散，可以使我国潜在生产可能性边界达到国际前沿水平，释放仍然存在的追赶潜能，为经济发展拓展新空间。

2.数字经济将推动产业转型升级

新一代数字技术的突破性发展，使得数据日益成为产业发展核心生产要素，产业的边界日趋模糊，产业结构升级将更多表现为数据要素投入带来的边际效用改善。推动产业数字化转型，促进从研发设计、生产加工、经营管理到销售服务全流程数字化，促进产业融合发展和供需精准对接，将为转型升级开辟新路径。

3.数字经济对推动高质量发展具有战略意义

在经济增速放缓和要素成本提高的背景下，发展数字经济能够激活创新生态，大幅减少中间环节，突破时空约束，有效对冲劳动力成本上升，提高生产效率和企业盈利水平，减缓资源环境压力，进而提高投资的边际产出效率和全要素生产率。

 相关链接

数字经济与实体经济如何实现互补

从长远来看，数字经济与实体经济是相辅相成的。从历史发展来看，必然是新兴科技会逐渐取代老旧的技术。数字经济的发展代表了世界前进的未来，但是如果仅仅看到数字经济没有实体经济发展的支撑，整个数字经济的发展将是空中楼阁。包括电子综合保税平台，如果没有货物的运输、通关，这个平台就失去了其价值与意义，所以实体经济和数字经济未来一定是相辅相成的。

通过"互联网+"的理念，来实现传统实体经济和互联网经济有效的融合。既有传统实体经济行业又加上互联网的元素，使得更多的年轻人，甚至世界各国人们都能够接纳。

比如旅游，"互联网+"经济时代出现以后，人们可以通过多个互联网平台，包括携程、同程艺龙、飞猪平台等，来实现线上和线下的有效融通。仅以旅游为例，实体经济和数字经济，就会为互联网经济的融合带来蓬勃发展。

未来不仅仅在旅行行业，也包括机械制造、服务业等，都会出现实体经济和数字经济的有效融合。

第二节 数字经济的架构

当前，随着数据驱动为特征的数字化、网络化、智能化深入推进，数字经济的框架也由之前的"两化"变成了如图4-7所示的"四化"。

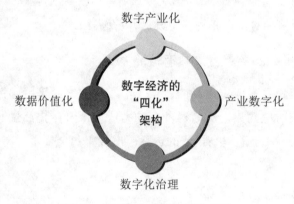

图4-7 数字经济的"四化"架构

一、数字产业化

数字产业化即信息通信产业，是数字经济发展的先导产业，为数字经济发展提供技术、产品、服务和解决方案等，具体包括电子信息制造业、电信业、软件和信息技术服务业、互联网行业等。

数字产业化包括但不限于5G、集成电路、软件、人工智能、大数据、云计算、区块链等技术、产品及服务。如图4-8所示。

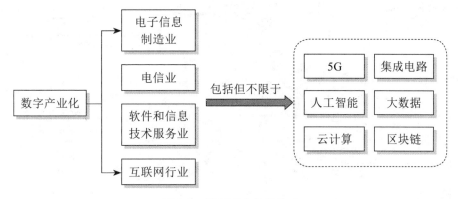

图4-8　数字产业化的构成

二、产业数字化

产业数字化是数字经济发展的主阵地，为数字经济发展提供广阔空间。产业数字化是指传统产业应用数字技术所带来的生产数量和效率提升，其新增产出是数字经济的重要组成部分。产业数字化包括但不限于工业互联网、两化融合、智能制造、车联网、平台经济等融合型新产业、新模式、新业态。如图4-9所示。

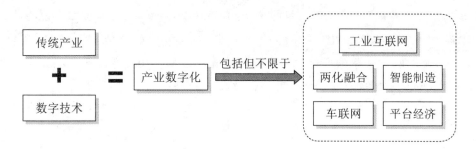

图4-9　产业数字化的构成

三、数字化治理

数字化治理是国家推进治理体系和治理能力现代化的重要组成，是运用数字技术，建立健全行政管理体系，创新服务监管方式，实现行政决策、行政执行、行政组织、行政监督等体制更加优化的新型政府治理模式。数字化治理包括治理模式创新，利用数字技术完善治理体系，提升综合治理能力等。数字化治理包括但不限于以多主体参与为典型特征的多元治理、以"数字技术+治理"为典型特征的技管结合，以及数字化公共服务等。如图4-10所示。

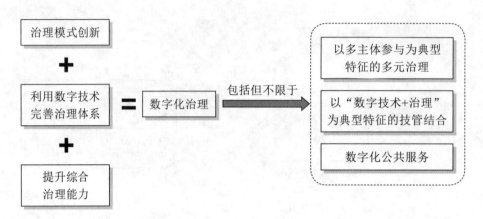

图4-10　数字化治理包括但不限于的内容

　　近年来，数字政府改革建设受到了各地区、各部门的高度重视和积极探索。部分地区的数字政府建设成效初现，有力推动了政府治理模式和服务模式的优化创新。

　　根据中央党校电子政务研究中心发布的《省级政府和重点城市网上政务服务能力（政务服务"好差评"）调查评估报告（2020）》结果显示，网上政务服务能力指数为"非常高"的省级政府从2016年的3个增加到8个，指数为"高"的从2016年的9个增加到15个，网上政务服务能力为"低"的首次为零。2020年以来，从数字化防疫到数字化防汛，中国政府精细化、智能化的数字化服务迈上新台阶。

四、数据价值化

　　价值化的数据是数字经济发展的关键生产要素，加快推进数据价值化进程是发展数字经济的本质要求。

　　2020年4月9日，中共中央国务院印发《关于构建更加完善的要素市场化配置体制机制的意见》明确提出，要"加快培育数据要素市场"。数据可存储、可重用，呈现爆发增长、海量集聚的特点，是实体经济数字化、网络化、智能化发展的基础性战略资料。

　　数据价值化包括但不限于图4-11所示的内容。

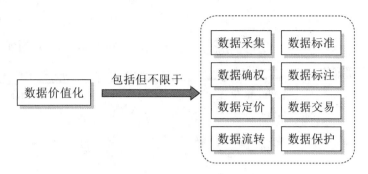

图4-11　数据价值化包括但不限于的内容

第三节　数字经济的发展

数字经济已经成为衡量国家经济实力的重要指标，要想成为世界经济强国，必须加快把数字经济做大做强做优，快速提升其所占GDP的比重。

一、数字经济的发展历程

中国数字经济早期发展得益于人口红利的先天优势，网民规模的高速增长为互联网行业的崛起提供了天然的优质土壤。具体来看，数字经济的发展经历了图4-12所示的三个阶段。

图4-12　数字经济的发展历程

1.萌芽期（1994～2002年）

1994年，中国正式接入国际互联网，进入互联网时代。以互联网行业崛起为显著特征，伴随互联网用户数量的高速增长，一大批业内的先锋企业相继成立。三大门户网站新浪、搜狐、网易先后创立，阿里巴巴、京东等电子商务网站进入初创阶段，百度、腾讯等搜索引擎和社交媒体得到空前发展。不难发现，中国互联网行业的龙头企业绝大多数是在萌芽期内成立的。

这一阶段，中国数字经济的商业模式仍较为单一，以新闻门户、邮箱业务、搜索引擎为代表的业态，增值服务以信息传播和获取为中心。萌芽期初创企业模仿国外成功商业模式的现象极为普遍，技术创新尚未得到足够重视，流量争夺和用户积累是竞争的核心内容。

2.高速发展期（2003～2012年）

经历短暂的低迷阶段后，中国数字经济于2003年至2012年间步入高速增长期。随着互联网用户数量持续保持两位数增长，以网络零售为代表的电子商务首先发力，带动数字经济由萌芽期进入新的发展阶段。

2003年上半年，阿里巴巴推出个人电子商务网站"淘宝网"，以成功的本土化商业模式迫使eBay退出中国市场，并在此后发展为全球最大的C2C电子商务平台；2003年下半年，阿里巴巴推出的支付宝业务，则逐渐成为第三方支付领域的龙头。2006年网络零售额突破1千亿大关，2012年突破1万亿大关，期间增速一直保持在50%以上。2007年，国家发布《电子商务发展"十一五"规划》，将电子商务服务业确定为国家重要的新兴产业。

同时，新兴业态不断涌现，"博客""微博"等自媒体的出现，使网民个体能够对社会经济产生前所未有的深刻影响；社交网络服务（Social Networking Site，SNS）的普及，使人际联络方式发生重大变革，社交网络与社交关系间形成了紧密联系。2005年，"博客"的兴起成为互联网最具革命意义的变化之一，网民得以以个人姿态深度参与到互联网中。美国《时代》周刊曾评论称，社会正从机构向个人过渡，个人正在成为"新数字时代民主社会"的公民。同年，腾讯注册用户（QQ用户）过亿，即时聊天工具成为网民标配。2009年，以社交网站为基础的虚拟社区游戏迅速升温，开心网、腾讯开心农场等成为大众时尚。同年，"微博"正式上线，这种单帖字数限制在140字符以内的微型博客，通过即时分享的强大优势迅速传播，产生了极大的影响力。

2012年，中国网民数量增速下降至9.92%，结束了近十年两位数增长的态势，宣告业内依靠网民数量高速增长形成的发展和盈利模式将面临挑战。截至2012年年底，中国手机网民规模达到4.2亿，使用手机上网的网民首次超过台式电脑，表明中国数字经济发展进入新阶段。

3.成熟期（2013年～至今）

自手机网民数量规模化以来，互联网行业迎来移动端时代，中国数字经济的基本格局已经形成，并迈入成熟期。以信息互通为基础，智能手机全面连接起人类的线上和线下生活，并且产生了深远的双向影响。在成熟阶段，数字经济业态主要有以下两大特征。

第一，传统行业互联网化。以网络零售为基础，生活服务的各个方面几乎都在向线上转移，打车可以使用"滴滴打车"，叫外卖可以使用"饿了么""美团外卖"等，甚至洗衣、家政等业务也能够通过互联网解决。然而，互联网化也绝非传统行业转型的灵丹妙药，在经历短暂的"热恋期"后，以互联网医疗为代表的一批互联网化行业进入"幻灭期"。

第二，基于互联网的模式创新不断涌现。以摩拜为代表的共享出行业态，突破了原有共享单车的"有桩"模式，通过以模式创新为核心的方式，为中国数字经济注入了新的活力。

此外，网络直播模式的崛起也具有一定代表性，特别是2016年淘宝直播上线之后，网络直播模式与网购和海淘的进一步融合，使直播经济真正成为一种强有力的变现模式。

二、数字经济的发展现状

近年来，数字技术与实体经济加速融合，经济社会的数字化、网络化、智能化水平不断提升。当前，我国数字经济发展已进入成熟期，数字产业化已成为数字经济发展的先导产业，产业数字化成为数字经济发展的主阵地。

1.我国数字经济发展已步入成熟期

近年来，数字经济成为我国国民经济高质量发展的新动能，数字经济增加值规模由2005年的2.6万亿元增加至2019年的35.8万亿元。与此同时，数字经济在GDP中所占的比重逐年提升，由2005年的14.2%提升至2019年的36.2%。

在数字经济的四大领域，数字产业化总体实现稳步增长；产业数字化加快增长，产业数字化转型由单点应用向连续协同演进；数字治理能力逐步提升；数据价值化的推进速度逐渐加快。

数字经济在不断发展的过程中，对经济增长的贡献也在不断提升。2014～2019年，数字经济对经济增长的贡献率均在50%以上，其中2019年数字经济对经济增长的贡献率为67.7%，数字经济对经济增长的贡献均高于三次产业对经济增长的贡献。

除经济增长外，数字经济也在推动就业结构发生深刻变革，一是吸纳就业能力提升；二是进一步防范结构性失业风险。根据中国信息通信研究院测算数据，2018年中国数字经济领域就业岗位达1.91亿个，占全年就业总人数的24.6%。其中数字产业化领域就业岗位达1220万个，产业数字化领域就业岗位达1.78亿个。

根据中国信息通信研究院测算数据，2018年第一产业数字化转型相关岗位约有1928

万个，占第一产业就业总人数的9.6%；第二产业数字化转型岗位约有5221万个，占第二产业就业总人数的23.7%；第三产业数字化转型就业岗位约有13426万个，占第三产业就业总人数的37.2%。

资讯平台

据前瞻产业研究院2020年8月发布的《2020年中国数字经济发展报告》统计显示，在产业数字化方面，2019年产业数字化增加值规模约为28.8万亿元，2005～2019年年复合增长率高达24.9%，占GDP比重提升至29.0%，成为支撑国民经济发展的重要力量。在数字产业化方面，2019年数字产业化增加值规模达到7.1万亿元，同比增长10.54%，占GDP比重为7.2%。在数字化治理方面，治理规则逐步完善、治理手段进一步优化、治理方式加快创新。在数据价值化方面，随着数字化转型加快，数据对提高生产效率的乘数效应凸显，成为新生产要素。从数字经济的内部结构来看，数字产业化的占比逐年下降，在数字经济中的占比由2005年的50.9%下降至2019年的19.8%；相反，产业数字化在数字经济中的占比逐年提升，由2005年的49.1%提升至2019年的80.2%。

2.数字经济规模呈从东南沿海向西部内陆降低趋势

从我国各地发展情况来看，2019年数字经济增加值超过1万亿元的省市包括广东、江苏、浙江、上海、北京、福建、湖北、四川、河南、河北、安徽、湖南等；辽宁、重庆、江西、陕西、广西等地数字经济增加值规模超过5000亿元。

从数字经济在GDP中的占比来看，北京、上海数字经济在GDP中的占比已经超过50%；广东、浙江、江苏、福建数字经济在GDP中的比重超过40%；重庆、湖北、辽宁、河北、广西、四川、江西、贵州等地数字经济在GDP中的比重超过30%。

三、数字经济的发展趋势

未来，随着新型基础设施建设的加快，云计算、大数据、人工智能等技术创新和融合应用的进一步发展，实体经济数字化转型将迎来新的发展期，数字经济发展规模将进一步提升。根据中国信息通信研究院预测，到2025年中国数字经济规模将达到60万亿元，数字经济将成为经济高质量发展的新动能。

未来，数字经济产业发展将呈现以下趋势。

（1）数字化基础设施及基础设施数字化的建设将提速。数字基建不仅仅是数字经济的基础，甚至成为拉动经济增长的选项。

（2）网格化、数字化成为国家治理体系的基础，数字治理需求得到空前释放。

（3）央行数字货币，或成为"新版四万亿"定向刺激的选项，或将加速推出。

（4）跨层级、跨地域、跨系统、跨组织、跨业务切实的数据互联互通是社会有效治理、处置重大应急公共事件的基础，成为社会共识。预计"国家治理体系和治理能力现代化"将和"国家大数据战略"融合实施、快速推进。

（5）数字消费并不会随着疫情消失而大幅降温，随着数字技术、数字贸易、数字共同市场的发展，数字消费更加多元化。

（6）平台的价值得到检验，平台的功能将越来越综合。无论是政务还是企业，越来越需要一体化、网络化综合支持平台。而平台自身将演变成为新型基础设施的一部分。

（7）公众对于数据隐私的关注或将反弹，良好的数字治理、切实的隐私保护决定了公众对于数字经济的信心。

（8）"机器人与人精细化的分工和合作""非接触式"业务发展将迎来爆发期。零工经济、自由职业者将成为潮流。企业劳务雇佣关系将向互惠合作的关系转变。

小看点

可以预见，随着数字产业化、产业数字化的深入发展，数字经济必将有力地推动质量变革、效率变革和动力变革，为高质量发展注入新动能。

相关链接

2020数字经济大会看点分析

由经济日报社、廊坊市政府共同主办的"2020数字经济大会"于2020年9月19日在河北省廊坊市成功举办。国内数字经济领域的权威专家、业界代表出席大会，围绕"数智赋能产业创新引领未来"主题，发表真知灼见，深入对话讨论。大会同时发布《2020中国数字经济发展指数》。

·看点1——中国已成为数字经济大国，未来将引领全球数字化发展

我国已经成为名副其实的数字经济大国，未来中国势必将成为全球数字化发展的引领者。据统计，2019年我国数字经济增加值规模达到35.8万亿元，占GDP比重达到36.2%。数字经济已成为推动产业结构转型升级、促进经济高质量发展的新引擎，对满足人民日益增长的美好生活需要方面发挥着越来越重要的作用。

在疫情防控常态化的背景下，我国数字经济的优势进一步凸显，电子政务、远程办公、在线教育、在线医疗等各类线上服务呈现爆发式增长，展现出巨大的发展潜力。明年是"十四五"开局之年，数字经济无疑将成为我国在新发展格局中的重要力量。

·看点2——5G等新基建叠加效应、乘数效应不可估量

5G作为数字经济未来发展的技术支撑，对数字经济增长的拉动作用将愈加凸显。5G等新基建不仅本身将带来几万亿元甚至十几万亿元的投资需求，还将通过数字产业化、产业数字化、研发创新规模化而产生不可估量的叠加效应、乘数效应。

"欲筑室者，先治其基"。数字经济发展的"万丈高楼"要在5G坚实的"地基"上才能"平地起"。当前，5G正进入商用关键时期，加快5G发展是统筹疫情防控和经济社会发展的重要行动之一。要把5G赋能数字经济新发展纳入"十四五"规划等相关政策文件中，把5G网络建设纳入各级政府国土空间规划，加大地方政策支持和落地实施，合力推进5G建设发展各项工作。

据中国信息通信研究院测算，预计2020～2025年，5G将拉动中国数字经济增长15.2万亿元；其中5G带动的信息产业增加值部分，预计增长3.3万亿元；5G技术对其他产业贡献部分，预计增长11.9万亿元。

·看点3——数据中心要做好规划设计，避免重复投资、盲目建设

5G和数据中心是数字经济基础中的基础，是新基建的"底座"。数据中心产业应该从服务国家数字经济战略的高度，通过创新转型，努力建设技术先进、管理科学、安全可靠、绿色环保的新型大数据中心。

一要以市场应用需求为引领，统筹行业和区域布局，做好顶层规划设计，避免重复投资、盲目建设。

二要加大技术创新力度，重视产品创新和服务创新，加强绿色节能技术和设备的创新与使用，满足数据中心的集约化经营和绿色节能要求。

三要从网络信息安全、数据资源安全、生产运营安全等方面高度重视数据中心的安全管理工作。

四要自觉加强行业自律，做到用户为根、服务为本，有序竞争、合作共赢，携手打造数据中心健康产业链，为新基建建设、数字经济发展奠定牢固的基石。

·看点4——搞数字经济必须打好数字技术基础

要搞数字经济必须要打好技术基础，没有坚强的技术基础，数字经济就成为了空中楼阁。

新一代信息技术有四个特征：一是由互联网技术发展到物联网技术；二是由虚拟现实技术发展到增强现实技术；三是由网格计算技术发展到云计算技术；四是由机器学习技术发展到深度学习技术。

在这些技术基础上，产生了几个典型的交叉领域，如智能制造、混合现实、大数据、人工智能等。发展数字经济，重点要把这些技术研究好、应用好、发展好。

· 看点5——工业互联网是促进企业数字化转型的重要突破口

有关研究报告显示，全球工业互联网平台市场规模预期年均复合增长率达33.4％。2035年，5G、人工智能、工业互联网预计将带动全球经济增长30万亿美元。人工智能、虚拟现实、数字孪生等新一代信息技术的日趋成熟，将驱动工业互联网加速向传统产业全面渗透，持续催生更多"平台＋新技术"的工业互联网创新解决方案，形成一批企业数字化转型的新模式新业态。

我们要紧贴中小企业的差异化需求，有针对性地开发应用部署快、实施周期短的解决方案和工具包，以更灵活多样的方式为中小企业提供普惠式数字化转型服务。

第五章

新基建助力数字经济

阅读指引

数字经济是经济高质量发展的核心，"新基建"是数字经济的基础保障。"新基建"对国民经济发展将起到巨大的推动作用，不仅能在短期内助力稳投资、扩内需和增就业，从长远发展来看，更是提升全要素生产率，实现经济高质量发展的重要支撑。

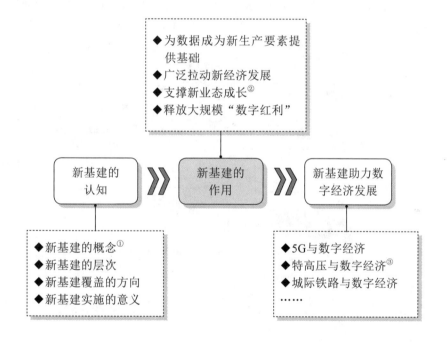

图示说明如下。

① 区别于传统基建，新基建主要立足于科技端，主要包括以下七大领域：5G基站建设、特高压、城际铁路、新能源汽车充电桩、大数据中心、人工智能、工业互联网。

② 新型基础设施建设既有利于突破产业结构服务化造成的发展减速，又可为经济增长培育新动力、开辟新空间，并为新产业、新业态发展提供驱动力。

③ 特高压的核心设备和整个ICT（信息、通信和技术）产业都有紧密联系。5G、工业互联网、大数据中心也需要加强输电网络的建设。

第一节 新基建的认知

作为重要的基础产业和新兴产业，"新基建"一头连着巨大的投资与需求，一头牵着不断升级的强大消费市场，是中国经济增长的新引擎。

一、新基建的概念

所谓"新基建"，主要包括以信息技术为核心的科技创新、与智能制造相关的基础设施建设，其核心是发展数字经济，更好地推动中国经济转型升级，加快产业高端化进程，实现经济高质量发展。

区别于传统基建，新基建主要立足于科技端，主要包括图5-1所示的七大领域。

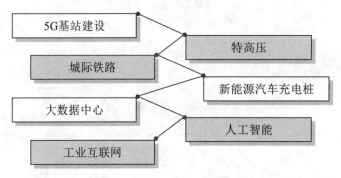

图5-1　新基建所包含的领域

相关链接 ‹··

新基建与传统基建的区别

新基建与传统基建区别体现在以下三个方面。

1. 更突出支撑产业升级和鼓励应用先试

新基建以产业作为赋能对象，通过数字化智能化改造，促进产业的数据驱动发展，并在超高清、智能制造、智能网联汽车、新能源汽车等前沿领域，完善应用环境，抢占产业发展先机。

2. 更突出政府对全环节的软治理

新基建需要加强政府对规划、建设、运营、监管的全环节治理水平，增强投资动员能力，提升资金运用精准性，加强政策配套保障，实现舆情及时响应和监管开放透明，在实践中不断优化治理水平。

3.更突出区域生产要素整合和协调发展

新基建提升覆盖范围内数据资源、电力能源、人才的流动速度和参与程度，削弱了传统要素有限对经济增长的制约，推动技术、劳动等其他生产要素的数字化发展，不仅促进中心城市的产业创新，还有助于中小城市、农村地区的协调发展。

二、新基建的层次

"新基建"可以分为如图5-2所示的四个层次。

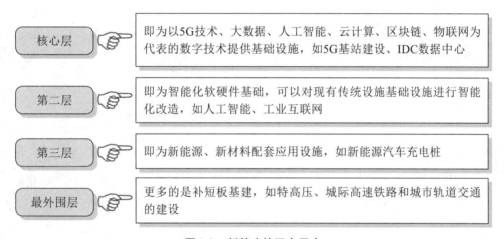

图5-2　新基建的四个层次

三、新基建覆盖的方向

2020年4月20日，中华人民共和国国家发展和改革委员会（简称国家发改委）于例行新闻发布会上首次明确，新基建覆盖图5-3所示的3个方向。

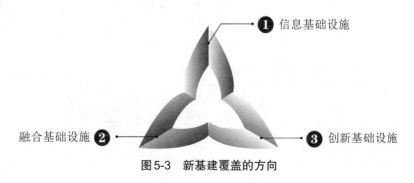

图5-3　新基建覆盖的方向

1.信息基础设施

主要是指基于新一代信息技术演化生成的基础设施，其中包含以5G、物联网、工业互联网、卫星互联网为代表的通信网络基础设施，以人工智能、云计算、区块链等为代表的新技术基础设施，以数据中心、智能计算中心为代表的算力基础设施等。这一模块可谓是数字经济的底层基础，其更新迭代对各个领域的数字化产业效能提升都有帮助。

2.融合基础设施

融合基础设施是指深度应用互联网、大数据、人工智能等技术，支撑传统基础设施转型升级，进而形成的融合基础设施，比如，智能交通基础设施、智慧能源基础设施等。此模块是"转型"的产物，其发展是数字经济的重要特征，与数字经济相互促进、相互成就。

3.创新基础设施

创新基础设施是指支撑科学研究、技术开发、产品研制的具有公益属性的基础设施，比如，重大科技基础设施、科教基础设施、产业技术创新基础设施等。此模块致力于长期价值的探索，对数字经济的可持续增长有重大意义。

小看点

在数字经济发展的进程中，新基建的建设、落地和应用对经济转型升级至关重要，使得数字经济的底层基础更加夯实、融合应用更加稳健、发展前景更加广阔。

四、新基建实施的意义

目前发展新基建已成为共识，符合产业升级要求，既代表着经济高质量发展的未来方向，也成为数字经济发展的新引擎。具体来说，新基建实施具有图5-4所示的意义。

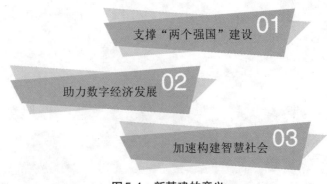

支撑"两个强国"建设 01

助力数字经济发展 02

加速构建智慧社会 03

图5-4　新基建的意义

1.支撑"两个强国"建设

新基建在支撑"两个强国"建设方面，其意义体现在图5-5所示的三个方面。

> **体现一** ▷ **提供高速广泛的连接能力**
>
> 5G以及工业互联网等新型基础设施建设全面强化数据连接能力；高铁、轨道交通、特高压、新能源汽车充电桩等新型基础设施建设进一步补足经济社会能源连接

> **体现二** ▷ **提供通用化平台型支撑服务**
>
> 通用人工智能平台以及大数据中心建设为我国制造业转型升级提供需求载体与核心驱动力

> **体现三** ▷ **打造安全可控的基础网络体系**
>
> 以新型基础设施建设为抓手，补足信息技术短板，强化关键核心技术与产品的自研能力，对于我国抢抓新一轮产业变革机遇意义重大

图5-5 新基建支撑"两个强国"建设的意义体现

 资讯平台

　　数据显示，目前我国5G基站已在50个城市正式开启5G大规模商用，医疗健康、媒体娱乐、工业生产正逐渐成为5G应用的先导性领域。此外，我国云数据中心资源总体供给规模近年来复合增长率在30%以上，全球500强超级计算机的计算能力中32%来自中国。

2.助力数字经济发展

新基建助力数字经济发展的意义体现如图5-6所示。

3.加速构建智慧社会

新基建能加速构建智慧社会，具体意义如图5-7所示。

加速数字产业化

新基建可全面促进信息技术的市场化应用，推动数字产业形成和发展，催生新产业、新业态、新模式，最终形成数字产业链和产业集群

加速产业数字化

新基建对传统产业进行全方位、全角度、全链条的基础改造，有利于推动产业结构优化升级，实现对经济发展的放大、叠加、倍增效果

图5-6　新基建助力数字经济发展的意义体现

1　加快推进社会治理智能化。"新基建"促进市场监管、环境监管、政府服务、应急保障、公共安全等领域社会治理方式创新。有利于加速构建全面设防、一体运作、精确定位、有效管控的信息化社会治理体系

2　加快推进民生应用智能化

3　以新型基础设施建设为核心基础，促进智慧交通、智慧医疗、智慧教育等智能化公共服务体系共建共享，对于进一步增进人民福祉意义重大

图5-7　新基建加速构建智慧社会的意义体现

第二节　新基建的作用

与传统基础设施相比，新型基础设施最突出的功能是支撑数据收集、存储、加工与运用，满足数字经济发展需要。具体来说，新基建具有图5-8所示的作用。

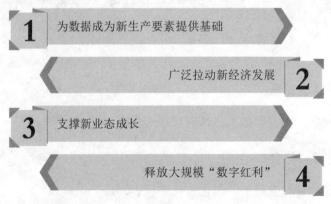

1　为数据成为新生产要素提供基础

广泛拉动新经济发展　2

3　支撑新业态成长

释放大规模"数字红利"　4

图5-8　新基建的作用

一、为数据成为新生产要素提供基础

信息技术的快速发展和深度应用，推动面向个人用户的互联网科技服务逐步面向各行业生产领域，特别是向制造业渗透，构建以工业物联为基础、以工业大数据为要素的工业互联网，推动形成新的工业生产制造和服务体系。这会改变人与人、人与物、物与物之间的联系、互动方式和规则，形成数字经济。数字技术的发展，使得表达人类活动的数据规模爆炸式增长，数据成为影响经济发展的新要素。然而在现实经济活动中，数据能否真正成为生产要素，取决于数据收集、存储、计算、分析、开发利用及智能化的能力。数据只有经过大数据技术处理转换并进入生产过程，才能成为有价值的数据。

所以，数据要素不能独立存在，而是存在于支撑实体经济运行的各种数字化基础设施之中，云计算、人工智能、大数据、物联网、区块链技术共同组成数字经济基础，为数字经济发展提供技术保障和实现手段，营造数字产业的生态环境。数字经济下产品的生产、运输、销售和服务都离不开新型基础设施的支持，新型基础设施的数量、质量等决定了数字经济发展的速度和高度。

小看点

　　构建以数字为基础、网络为支撑的数字经济资源开发服务平台，为经济转型发展注入大量新生产要素，是我国推进新型基础设施建设的重要目标。

二、广泛拉动新经济发展

传统基础设施建设的投入多以自然资源为主，并且往往只关联某些部门和行业，例如，与铁路、公路等基础设施建设直接相关的主要是交通运输部门。新型基础设施建设的投入则以信息技术为主，兼有公共产品和新兴产业的特性，是一种新型业态。

新型基础设施作为公共产品，把涉及数字收集、存储、分析、运用的相关产业联成网络，使世界各地的消费者、生产者信息可即时对接，聚合物流、支付、信用管理等配套服务，极大地突破沟通和协作的时空约束，大幅减少中间环节、降低交易成本、提高交易效率，推动平台经济、共享经济等新经济模式快速发展。如图5-9所示。

新型基础设施的普及带来全球数据量爆炸式增长，为数据挖掘、大数据分析及其运用创造条件。同时，新型基础设施服务的产业越多、集聚的数字资源越多，其外部效应就越大。数字基础设施的正外部效应和用户效率提升的示范效应，会吸引更多用户使用和参与，最终带动国家经济体系数字化和智能化水平全面提升，引发生产力和生产方式的重大变革。

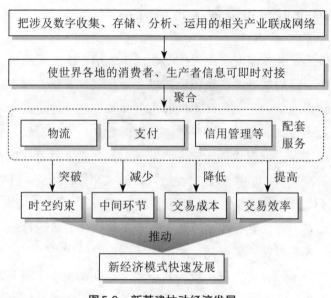

图5-9　新基建拉动经济发展

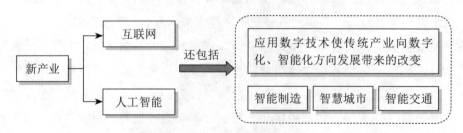

小看点

如果说传统基础设施落后或存在某些短板会影响某些部门发展，那么在未来，新型基础设施落后会导致国民经济整体发展水平滞后。

三、支撑新业态成长

按照传统工业化理论和工业化水平衡量标准，我国总体上已进入工业化后期阶段，服务业成本提高导致的生产率降低和结构性减速规律业已显现。在这一关键阶段，新科技革命催生的数字经济为"再工业化"明确了发展方向。数字经济沿着产业数字化和数字产业化两条路径引领产业变革，促进制造业和服务业融合发展，不断催生新产业。

新产业不仅指互联网、人工智能等，还包括应用数字技术使传统产业向数字化、智能化方向发展带来的改变，如智能制造、智慧城市、智能交通等。如图5-10所示。

图5-10　新产业的范畴

建立在新型基础设施之上的智能制造，通过数字化和智能化方式，能够发现客户的潜在需求，为客户创造新需求，并在一定程度上解决企业生产经营中的信息不充分、不对称问题。

新型基础设施建设既有利于突破产业结构服务化造成的发展减速，又可为经济增长培育新动力、开辟新空间，并为新产业、新业态发展提供驱动力。

四、释放大规模"数字红利"

通过完善数字基础设施建设，加快发展数字经济，可以释放大规模"数字红利"，为我国谋取未来国际竞争优势。如图5-11所示。

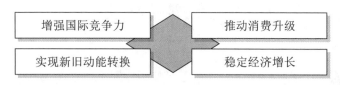

增强国际竞争力　　　　　推动消费升级

实现新旧动能转换　　　　稳定经济增长

图5-11　新基建能释放大规模"数字红利"

1.增强国际竞争力

发展数字经济并实施数字基础设施建设，是把握第四次工业革命机遇、参与全球科技竞争的重要手段。为抢抓新工业革命的重大历史机遇，世界主要国家和地区纷纷加强数字经济的战略布局。打造自主可控、安全可靠、系统完备的数字基建体系，有利于我国在新工业革命中占据制高点，夯实数字经济发展基础。

2.实现新旧动能转换

发展壮大数字经济，推动产业数字化转型和智能化升级，有利于促进新旧动能转换，打造高质量发展的新引擎。数字基建是技术创新的新载体，有助于5G、人工智能、大数据、物联网、云计算和区块链等技术的融合创新和场景化应用，为数字经济发展厚植"数字土壤"。数字基建通过对技术、人才、资本、数据等各类产业资源的广泛连接、弹性互补和高效配置，打通全要素、全产业链、全价值链，促进各行业深度融合、上下游联动，帮助更多企业提质降本增效减存，实现新旧动能转换。

3.推动消费升级

加快发展数字经济有利于更好地满足人民对美好生活的需要，是推动消费升级新动力。依托数字基础设施所形成的智慧城市、智慧医疗、智慧交通、智慧家居等智能服务体系，能够提高公共服务质量，为医疗、教育、交通、餐饮、娱乐等领域深度赋能，催生更多消费新形式，提升消费服务水平，改善民生福利。

4.稳定经济增长

发展数字经济既能创造数字基建等巨大投资需求，又能撬动庞大的消费市场，乘数效应和带动效应显著，有效提振市场主体信心，稳定市场预期。与此同时，数字基建能带动传统基础设施的数字化改造和智能化升级，实现基建投资整体结构的优化。

第三节　新基建助力数字经济发展

数字经济的发展离不开"新基建"，搞好"新基建"是一个系统工程，需要汇聚各方智慧和力量共同推进。

一、5G与数字经济

5G网络建设作为产业发展的重要基石，可以带动大规模的信息消费增长。5G作为支撑经济社会数字化、网络化、智能化转型的关键新型基础设施，不仅在助力疫情防控、复工复产等方面作用突出，更在稳投资、促消费、助升级、培植经济发展新动能等方面潜力巨大。

作为新型基础设施的重要组成部分，5G不仅满足部分高端消费群体，比如虚拟现实、超高清视频、大型网络游戏等方面的需求，同时也可以解决城市热点地区网络拥塞的现象。据中国信息通信研究院预测，预计到2025年我国5G网络建设投资累计将达1.2万亿元，未来5年工业企业开展网络化改造投资规模有望达到5000亿元，5G网络建设将带动产业链上下游以及各行业应用投资超过3.5万亿元。

此外，5G建设本身包括芯片、器件、材料、精密加工等硬件以及操作系统、云平台、数据库等软件。5G与大数据、人工智能等关联技术结合，又将带动诸多行业，为很多领域数字化转型奠定基础。

小看点

与传统基础设施建设不同，以5G为代表的新型基础设施通过提高效率来带动经济发展，这更符合高质量发展的要义。在数字化对现代社会的渗透作用上，5G大有可为。

二、特高压与数字经济

不管是5G、大数据中心、工业互联网还是新能源汽车充电桩，这些技术的建设和运行都离不开电力网络。而特高压，与这些领域一同被纳入新型基础设施建设重点。

特高压电网可分为±1000kV交流变电网和±800kV直流电网两类。直流电网在点对点长距离传输、海底电缆、大电网连接与隔绝等领域优势突出；交流输变网在构成交流环网和短距离传输领域优势突出。两种特高压输电模式配合使用，共同构成输电骨干网架。

特高压的核心设备和整个ICT（信息、通信和技术）产业都有紧密联系。5G、工业互联网、大数据中心也需要加强输电网络的建设。

 资讯平台

2020年1月国家电网发布的2020年重点工作任务计划显示，2020年内计划完成7条特高压线路核准工作，计划开工线路3条，剩余4条线路将在2021～2022年陆续开工。赛迪顾问数据显示，从项目周期看，特高压线路建设周期为2~3年，随着新核准线路建设的陆续推进，2020～2025年我国特高压线路长度将保持稳定增长，预计到2025年有望突破4万公里。

截至2020年3月，我国共有25条在运特高压线路、7条在建特高压线路以及7条待核准特高压线路。从投资规模看，我国新一轮重启特高压项目，共计包括12条线路，涉及投资总额突破1500亿元，其中，2020年计划开工的3条线路，涉及投资金额约600亿元。

从区域发展层面看，新一轮特高压的建设也能优化区域能源供需。目前，我国用电大省主要集中在华北、华东、华中等地区，像江苏、浙江、上海、北京等地用电缺口仍然偏大，而把富余用电向缺口地区输送也能带动特高压建设。

新一轮特高压的建设，能优化数字经济时代的区域能源结构调整。

如长三角、京津冀以及粤港澳地区，都属于用电主力地区，这些地方也是数字经济较发达的地区。基于网络、通信等新产业形态，更需要增加特高压的建设。

作为新基建，特高压建设还将带动一批输配电零部件产业发展，比如变压器、开关、电容器、避雷器、换流阀等。

三、城际铁路与数字经济

1.城际铁路为什么被称为新基建

城际高铁、城际轨道交通都是城际铁路。同样是铁路，为什么城际高铁、城际轨道交通被称为新基建？主要是因为它们近年来吸收融合了我国一系列先进技术。它的动力装置，如储能、实时供电、充电的模式，还有轮轨的新材料应用，都有很多的技术创新。另外列车自动的运行和控制系统，运用的新技术比较多。把它当作新基建，是因为大部分新技术都利用了信息技术或者自动控制技术。

2.引领城市群发展

从2008年京津城际铁路开通以来，我国城际高铁、城际轨道交通建设遍地开花。这背后是我国城市群布局和架构日益完善，目前，全国已经形成包括京津冀、珠三角、长三角在内的20多个城市群。城市群内部要实现各种要素流动，城际铁路是不可或缺的。

对比一些全球知名城市群、都市圈，我国城际高铁、城际轨道交通还有很大发展空间。

比如，日本东京都市圈有个"二八定律"，就是占总里程20%的轨道交通，承载了80%的交通需求。

3.城际铁路建设拉动经济增长

国家发改委2020年初明确，加大对重点城市群、都市圈城际铁路、市域、市郊铁路和高等级公路规划建设。如今，几乎每个城市群的规划中，城际铁路都是浓墨重彩的部分。和所有基建一样，城际铁路建设投资巨大，可以直接或间接拉动经济增长。具体表现如图5-12所示。

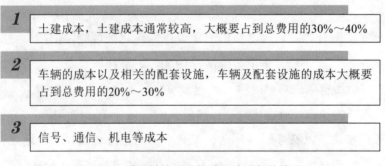

图5-12 城际铁路建设拉动经济增长的体现

4.城际铁路将成为城市圈的血脉

从长远看，城际铁路建成后，将成为城市圈的血脉，各种要素通过它自由流动，效率远高于其他交通方式，这对城市群发展意义重大。尤其产业向高级化发展之后，生产性服务业就是比较靠知识创新的这些产业，比如科技研发、商业服务等更加需要人员之间的交流。而人员之间的交流，就会显得城际之间，这种距离不是特别长的交通联系可能更为重要。所以城际高铁、城际轨道交通对促进经济发展、促进产业结构高级化具有重要作用。

四、新能源汽车充电桩与数字经济

2019年我国新能源汽车销量达到120.6万辆，连续两年超过百万辆。与此同时，自主品牌、合资汽车开始加速向新能源转型。有的车企计划在未来10年内推出70款电动车型，还有车企计划10年后电动车销量占一半以上。在各方看好新能源汽车的背景下，充电桩成了不可或缺的基础设施，也是新基建之一。

1.充电桩"新"在哪里

对比传统基础设施，充电桩"新"在3个方面，如图5-13所示。

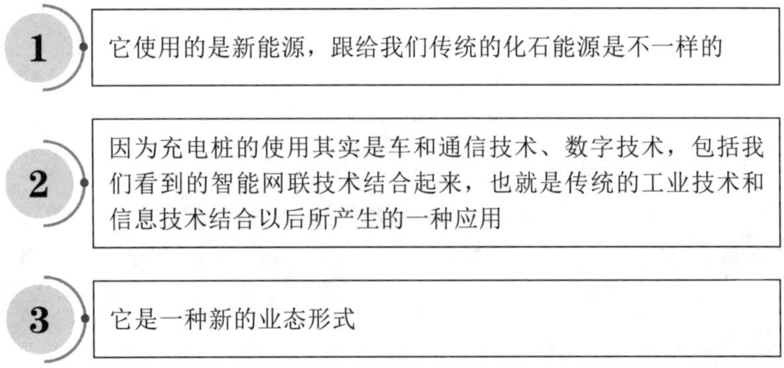

图5-13　充电桩"新"的体现

2.投资空间巨大

截至2019年12月，我国充电桩保有量达到121.9万台，其中公共充电桩51.6万台，私人充电桩70.3万台，车桩比约为3.4∶1，仍然远低于《电动汽车充电基础设施发展指南（2015～2020）》中展望的1∶1。中华人民共和国工业和信息化部2019年末发布的《新能源汽车产业发展规划（2021～2035）》征求意见稿提到，到2025年，新能源汽车销量占比达到新车销量的25%。这些数据都说明充电桩存在巨大投资空间。

据预测，到2030年，新能源汽车的保有量将超过6000万辆。如果按照车桩1∶1的建设目标的话，未来的充电桩的建设规模也在6000万以上，这样就会催生一个万亿级的充电桩基础设施的市场。

充电桩产业链涉及上游充电设备生产商，中游充电运营商，以及下游整体解决方案提供商。目前头部厂商主要包含国资巨头、民营电力设备生产商和整车企业三大类，大多已经完成设备、运营、平台建设等全产业链布局。接下来如果密集建设充电桩，投入将大大超出行业产业链上下游范围。

充电桩的大量使用，而且集中充电的话，实际上对电网的要求是相对比较高的。在这种情况下，可能要涉及电网的改造，对输电线路的改造，跟小区重新配置的问题。所以该板块对整个行业的拉动，是一个城市智能化电力网络跟能源体系的建设，投入相对是巨大的。

3. 衍生出新的盈利模式

与一些基础设施不同，充电桩建设主要依靠市场力量。目前，行业主要收入是充电费用，竞争比较激烈，整体利润偏低。但之后，行业将衍生出新的盈利模式。

通过智能充电桩，可以收集大量的数据，如电池数据、用户的用车习惯等，包括对于电池的更换、二手车的评价或者用户的活动商圈的一些增值，以此做一些精准的广告推送。

4. 为新能源汽车发展保驾护航

目前由于基础设施建设，运行成本和运行便利性等这些方面制约着新能源汽车的发展。随着续航里程提升，充电桩的普及，越来越多的消费者把新能源汽车开出市区，开上高速路。这样会使中国的新能源汽车市场更加快速发展，使中国的新能源汽车产业在世界上能占据优势地位。

五、大数据中心与数字经济

作为新基建七大领域之一，大数据中心是国家未来重点建设的方向。与传统数据中心相比，大数据中心的提法更加映射出数字经济对于数据中心这个枢纽作用的新要求。

1. 大数据中心的重要性日益凸显

移动互联网时代，数据流量不断增加。2019年，我国移动互联网用户每户平均月流量为7.82GB，是2018年的1.69倍，企业数据也呈现爆发式增长。不过，目前只有不到2%的企业数据被存储下来，其中只有10%被用于数据分析。这说明，我国数据存储利用能力存在很大缺口。在这样的背景下，大数据中心也就是IDC的重要性日益凸显。大数据中心是数据存储、处理和交互的中心，被认为是当前的新型基础设施之一。

特别是在新冠肺炎疫情期间，一些互联网新业务模式显现，大数据中心的重要性进一步提升。驱动、支撑这些业务模式的是互联网、人工智能等技术，在这个过程中肯定会有更多的数据在互联网上流动，不管是结构化的，如平时的数据统计、报表等，还是非结构化的，像视频、音频等，数据大量产生，比过去更多、更快，所以大数据中心的重要性进一步提升。

2. 大数据中心发展空间巨大

数据显示，目前全球40%的IDC机柜在美国，我国只有8%，而我国互联网用户显然多于美国，这意味着大数据中心发展空间很大。业内人士预计，2020～2025年，我国IDC市场累计将超过1万亿元。大数据中心的建设是个很长的产业链，包括服务器、路由器、交换机、光模块，还有电源、软件、网络、机房。另外，对于IDC产业链来说，更重要的是IDC集成运维，以及"云服务商"和解决方案。

从全球来看，谷歌、微软、亚马逊、苹果、脸书等科技巨头都在大力建设大数据中心，并且投入巨大。一些超大型数据中心服务器数量通常在几十万台以上，但服务器机房还不是最"烧钱"的地方。实际上机房只占大数据中心投资的百分之十几，更大的投资在供电系统，它需要可靠的供电保证，而且电源的效率要求相当高。另外一块很大的投资在制冷系统，它需要精密的空调。除了供电、制冷，还有防雷、安防、灾难备份、环境监控、综合布线等方面的投资。

3. 大数据中心"新"的表现

近年来，随着云计算的发展，大数据中心开始升级为"云数据中心"，特点是服务器、存储、网络、应用等高度虚拟化，用户可以按需调用各种资源。数据中心渐渐成为大数据、云计算、工业互联网、人工智能的万能"粮仓"。新一代信息基础设施，既是新基建，又是战略性新兴产业，更是新型的信息消费的市场，同时也是其他领域新基建的通用支撑技术，而且是传统产业数字化的新引擎。

目前，我国数据中心建设有遍地开花的态势，众多城市都制定了数据中心建设规划，并推出多项优惠政策。中国信息通信研究院统计数据显示，2020年全国IDC机架数量有望增长到326万台。

六、人工智能与数字经济

人工智能时代的到来，会让数字经济内涵更加丰富。未来人工智能将成为主导性数字技术，带动数字经济形态的变革。人工智能赋予数字经济发展新的动力，它开启了数字经济发展的一个新时代，特别是人工智能能够拓展数字经济发展的边界。

1.人工智能成为一种新型基础设施

不少人仅把人工智能当作一项技术，实际上，它是一套软硬件结合的复杂应用。硬件是各种各样的传感器和芯片，软件则是算法。近年来，人工智能开始融入人们日常生活，成为一种新型基础设施。

比如，我们可以对着地图说话，它们能"听懂"我们说的话；随着语音识别技术的进步，我们可以跟智能音箱交流。

2.人工智能市场规模将超过6万亿美元

作为新基建领域之一，衡量人工智能发展的标准是算力。有报告显示，2012年以前，人工智能算力需求紧追摩尔定律，每两年翻一番。2012年以后，渐渐缩短为3～4个月翻一番。这说明，人工智能算力需求空间巨大。而提升人工智能算力的背后涉及庞大产业链，有各类AI芯片，包括"云端"、用户端的类脑芯片，以及各类传感器、激光雷达、毫米波雷达、摄像头、体感传感器等。最重要的人工智能是通用的AI平台，包括计算机视觉、语音识别、自然语言处理，机器学习、知识图谱等。人工智能的应用领域很广。

有机构预测，2025年世界人工智能市场规模将超过6万亿美元，年复合增长率达30%。在我国，机器人、智能音箱、无人机等面向消费者的人工智能产品已经比较火爆。

以智能音箱为例，2019年全国销量为3682万台，同比增长126.6%。有测算甚至显示，整体来看，人工智能对我国GDP的拉动效应将超过1%。

根据中国《新一代人工智能发展规划》，到2030年，人工智能核心产业规模超过1万亿元，带动相关产业规模超过10万亿元。

3.人工智能将给不同行业带来深刻变革

当前，人工智能的主流模式是"大数据+深度学习"，这种模式深刻改变着各行各业，人们开始在交通、物流、教育、医疗等众多领域体验到人工智能带来的便利。这些碎片化的人工智能接下来将整合在一起。

比如，一个城市有一个巨大的、可能看得见的承载系统，叫城市大脑。它对城市里的交通、环保、安防等各个方面进行系统的信息获取、分析、监测，并且为政府或者为社会公众提供各种各样的应用服务。

随着很多新路径开启，人工智能未来可能走向后机器学习时代，以深度智能改变世界。把深度学习和人脑的仿生学、脑科学结合，将人工智能的一些技术再往前推进，这是技术方向的变化。

七、工业互联网与数字经济

当前，工业互联网渗透应用到工程机械、钢铁、石化、能源、交通、医疗等30余个国民经济重点行业。智能化生产、网络化协同、个性化定制、服务化延伸、数字化管理等新模式活跃，有力地推动了转型升级，催生了新增长点。

工业互联网在新技术、新需求的刺激下，正在高速发展。传统的工业生产方式将发生革命性变化，主要特点包括大规模定制、智能制造、全产业生态链科学联动、供需精准对接等。工业互联网已成为"新基建"的重要战场。

1.工业互联网是推动我国产业体系新旧动能转换的重要手段

工业互联网全面链接工业生产中的全要素、全产业链、全价值链，是第四次工业革命的重要基石。加快工业互联网创新发展步伐，有助于重塑现代工业体系中的各个要素，包括推动工业生产组织形态变革和生产效率提升，形成基于集群式创新、开放式创新的新型科技创新体系，进而从根本上推动产业体系的新旧动能转换。

2.工业互联网能够深度融合"新基建"各领域建设成果

工业互联网是数字化、网络化、智能化时代各项先进技术在工业领域的深度融合。在"新基建"领域中，5G技术是工业互联网核心网络支撑，数据中心是工业互联网平台的重要载体，人工智能是工业互联网的关键技术。因此发展工业互联网，可以有效推动5G、数据中心、人工智能等其他新型数字化基础设施的建设，从而大幅提升"新基建"整体建设成效，更好地推动我国经济高质量发展。

3.工业互联网基础设施建设成效显著，应用场景不断丰富

工业互联网基础设施建设成效显著，企业加快应用TCN、CDN、5G等新技术改造企业内网，北京、上海、广州、重庆、武汉五大国家顶级节点功能不断完善，40个二级节点上线运行，目前标识解析注册量已经突破16亿。工业互联网应用场景不断丰富，已广泛应用于石油化工、钢铁冶金等行业，以数据驱动、快速迭代、持续优化的大数据系统正在为工业互联网大数据在包括制造业在内的各行业深入应用提供新技术、新业态和新模式。

小看点

作为新基建的关键组成部分，工业互联网在加速工业技术改革创新、推动产业数字化转型升级、释放经济新动能等方面的作用日益凸显。

相关链接 ‹···

新基建的建设内容与目标

领域	建设内容	建设目标
5G基站建设	1.机房、供电、铁塔、管线等的升级、改造和储备 2.5G基站、核心网、传输等的基础网络设备研发与部署 3.5G新型云化业务应用平台的部署，与新业务以及各种垂直行业应用的协同 4.围绕5G的工业互联网新型先进制造网络环境。如物联网云、网、端等新型基础设施，围绕车联网的车、路、网协同的基础设施等	三大运营商预计年内建设超过55万个5G基站。2020～2022年，投资将逐步上升，到2025年，建成基本覆盖全国的5G网络，预计需要5G基站500万～550万个，以每个基站平均50万元计，直接拉动基站投资约2.5万亿元
特高压	换流站土建、电气设备安装、变电站扩建等	2020年内在建和待核准特高压工程16条线路，具有明确投资规模7条
城际铁路	通车线路建设	2020年拟通车线路14条，其中专线250和专线350各7条，通车里程有望达到3696公里
新能源汽车充电桩	充电场站、充电桩建设	2020年新增集中式充换电站超过1.2万座，分散式充电桩超过480万个。到2025年，建成超过3.6万座充换电站，全国车桩比达1：1
大数据中心	1.机房楼、生产管理楼等数据中心基础配套设施 2.传输光纤、互联网交换中心、数据服务平台等支撑数据中心发展网络及服务设施 3.IDC业务部署与应用协同 4.车辆网、卫星大数据等垂直领域的大数据研发及产业化项目	数据中心实现大型化、规模化发展，可满足我国快速发展的数据存储需求。到2025年，建成一定数量的大型、超大型数据中心和边缘数据中心
人工智能	1.AI芯片等底层硬件发展 2.通用智能计算平台的搭建 3.智能感知处理、智能交互等基础研发中心建设 4.人工智能创新发展试验区建设	到2023年，建设20个左右新一代人工智能创新发展试验区
工业互联网	1.工业互联网网络建设 2.工业互联网平台建设 3.工业互联网试点示范项目建设	到2025年，形成3～5家具有国际竞争力的工业互联网平台，实现百万工业App培育以及百万企业上云

第六章

数字技术赋能产业经济

阅读指引

　　我国超大规模的市场优势为数字经济发展提供了广阔而丰富的应用场景。数字经济不仅实现了自身的快速发展，也成为推动传统产业升级改造的重要引擎。在循序渐进的发展中，数字技术必将为生产力的提升打开新的空间。

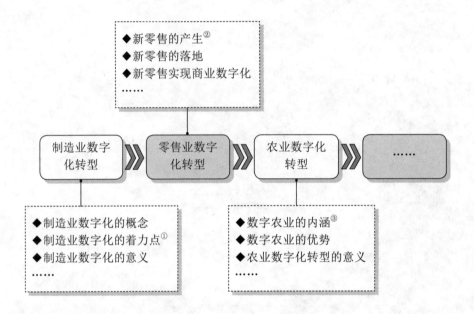

　　图示说明如下。

　　① 制造业数字化以生产要素的数据化为依托，以工业互联网为载体，帮助企业充分利用全球资源和要素，整合优化企业的产品、工艺设计、原材料供应、产品制造、市场营销、售后服务等主要产业链环节，提升资源配置效率。

　　② 2016年10月13日的阿里云栖大会上，马云大胆预言："未来的10年不会再是电商平台的时代，而是新零售的时代。"

　　③ 数字农业是数字经济在农业领域的重要实践。数字农业是将数字化信息作为农业新的生产要素，用数字信息技术对农业对象、环境和全过程进行可视化表达、数字化设计、信息化管理的新兴农业发展形态，是数字经济范畴下用数字化重组方式对传统产业进行变革和升级的典型应用之一。

第一节　制造业数字化转型

在我国制造业低成本优势逐步减弱的背景下，必须着力提高产品品质和生产管理效率，重塑竞争优势，数字化转型正是提升制造业竞争力的重要途径。

一、制造业数字化的概念

制造业数字化是以信息和知识的数字化为基础，以现代信息网络为主要载体，运用数字化、智能化、网络化技术提升产品设计、制造和营销效率的全新制造方式。如图6-1所示。

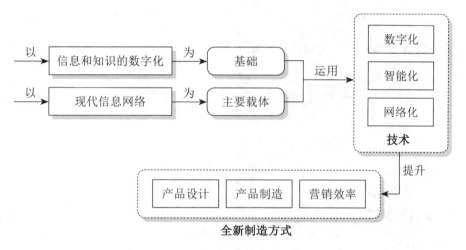

图6-1　制造业数字化的概念

随着云计算、物联网、大数据、人工智能、虚拟现实、区块链等新技术的兴起，越来越多国家把发展制造业数字化作为推动传统产业升级改造的重要途径，大力推动新一代信息技术和制造业深度融合，大力发展先进制造和智能制造。

小看点

在我国制造业低成本优势逐步减弱的背景下，提高制造业发展质量，必须加紧推动制造业的数字化转型。

二、制造业数字化的着力点

制造业数字化以生产要素的数据化为依托，以工业互联网为载体，帮助企业充分利用全球资源和要素，整合优化企业的产品、工艺设计、原材料供应、产品制造、市场营销、售后服务等主要产业链环节，提升资源配置效率。如图6-2所示。

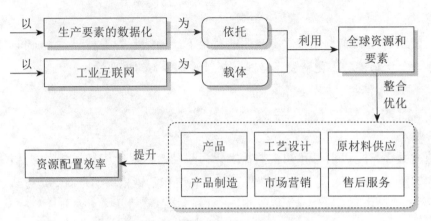

图6-2　制造业数字化的着力点

以船舶制造业为例，由于采用了制造业数字化系统，江南造船（集团）有限责任公司建造的全球首艘无纸化建造船舶，造船效率提高30%，差错率降低60%，船台搭载周期缩短2个月；大连中远海运川崎船舶工程有限公司采用数字化生产线后，工序生产效率提高40%～400%，产品建造周期缩短15%～20%；中国航天科工集团公司建立航天云网平台，对设计模型、专业软件以及1.3万余台设备设施进行数字化共享后，企业资源利用率提升40%。

三、制造业数字化的意义

制造业数字化转型具有图6-3所示的意义。

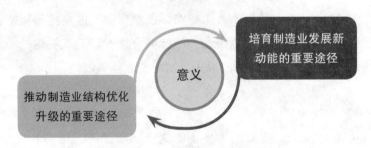

图6-3　制造业数字化的意义

1.是推动制造业结构优化升级的重要途径

数字化制造不仅可以加快改进钢铁、石化、纺织等传统产业的工艺技术，丰富产品功能，提升产品附加值，推进中低档产品向中高档产品转变，推动传统产业转型升级，而且可以显著加快航空航天、高端装备、新能源、新材料等战略性新兴产业技术创新步伐，缩短科技成果产业化周期，使其尽快形成规模化、集约化发展态势。

同时，制造业数字化的本质就是加快信息与知识要素在整个制造系统的流转速度，以此提升地域空间分工细化与区域间交易效率，优化区域间分工结构，进而实现区域间产业结构转型升级。

2.是培育制造业发展新动能的重要途径

在新一轮科技革命和产业变革加速发展的背景下，以"大、智、物、云"（大数据、人工智能、物联网、云计算）为技术基础、以海量数据互联和应用为核心的数字化制造浪潮，正在将制造业发展新动能培育推向快速增长新阶段。网络化协同制造、个性化定制、BOT、BT、TOT、TBT、PPP等制造新模式、新业态层出不穷，日益成为推动制造业高质量发展的重要推手。

 相关链接

制造新模式解析

1.BOT模式

BOT是英文 Build-Operate-Transfer 的缩写，通常直译为"建设—经营—转让"。这种译法直截了当，但不能反映BOT的实质。BOT实质上是基础设施投资、建设和经营的一种方式，以政府和私人机构之间达成协议为前提，由政府向私人机构颁布特许，允许其在一定时期内筹集资金建设某一基础设施并管理和经营该设施及其相应的产品与服务。

2.BT模式

BT是英文 Build（建设）和 Transfer（移交）缩写，意即"建设—移交"，是政府利用非政府资金来进行非经营性基础设施建设项目的一种融资模式。BT模式是BOT模式的一种变换形式，指一个项目的运作通过项目公司总承包，融资、建设验收合格后移交给业主，业主向投资方支付项目总投资加上合理回报的过程。目前采用BT模式筹集建设资金成了项目融资的一种新模式。

3.TOT模式

TOT是英文 Transfer-Operate-Transfer 的缩写，即移交—经营—移交。TOT方式是国际上较为流行的一种项目融资方式，通常是指政府部门或国有企业将建设好的项目的一定期限的产权或经营权，有偿转让给投资人，由其进行运营管理；投资人在约定的期限内通过经营收回全部投资并得到合理的回报，双方合约期满之后，投资人再将该项目交还政府部门或原企业的一种融资方式。

TOT模式的运用一般是为了BOT模式的顺利进行，通常情况下，政府会将TOT和BOT两个项目打包，一起运作。

4.TBT模式

TBT模式就是将TOT与BOT融资方式组合起来，以BOT为主的一种融资模式。在TBT模式中，TOT的实施是辅助性的，采用它主要是为了促成BOT。TBT的实施过程如下：政府通过招标将已经运营一段时间的项目和未来若干年的经营权无偿转让给投资人；投资人负责组建项目公司去建设和经营待建项目；项目建成开始经营后，政府从BOT项目公司获得与项目经营权等值的收益；按照TOT和BOT协议，投资人相继将项目经营权归还给政府。实质上，是政府将一个已建项目和一个待建项目打包处理，获得一个逐年增加的协议收入（来自待建项目），最终收回待建项目的所有权益。

5.PPP模式

PPP是英文Public-Private-Partnerships的缩写，即政府和社会资本合作，是公共基础设施中的一种项目运作模式。在该模式下，鼓励私营企业、民营资本与政府进行合作，参与公共基础设施的建设。

四、制造业数字化转型的内涵

从业务和技术层面看，制造业数字化转型的内涵是实现整个制造业价值链的智能化，贯穿研发、工艺规划、生产制造、采购、仓储、营销、服务等各个环节，在产品的设计、制造、使用的生命周期中，实现产品的持续创新，通过将软件以云服务的方式提供，实现应用软件随需而变，通过应需设计，实现个性化设计，通过数字设计与制造一体化，实现定制化生产，通过融入智能感知设备，实现产品性能持续改进。如图6-4所示。

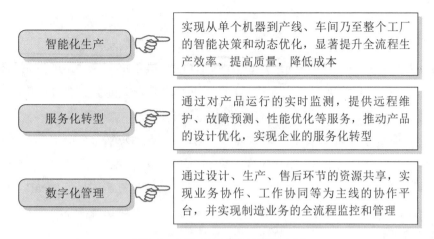

图6-4　制造业数字化转型的内涵

五、制造业数字化转型的路径

1.构建信息技术（IT）基础设施

制造业数字化转型的前提是通过智能传感器、边缘计算等，构建感知系统，捕获感知工厂底层数据。首先，基于工业互联网，实现车间设备、产线、工厂、产业链的互联互通，实现互联工厂；基于物联网技术，实现物理世界数字化标识、提升数控设备及数字化工艺的比例；实现设备、流程、工艺、人员的数字化。而后，制造业数字化转型需要强健的IT基础设施支撑，包括弹性的IaaS云计算平台、三维设计SaaS云计算平台等。

（1）构建弹性的IaaS云计算平台。首先，采用服务器、网络、存储虚拟化技术，构建底层的计算资源池、网络资源池和存储资源池，然后，通过云资源管理平台将池化的资源以服务化的方式向外提供。

比如，服务器虚拟化架构可以采用ESXi、Hypervisor或者KVM，存储虚拟化架构可以采用集中式存储或者分布式存储，网络虚拟化架构可以采用SDN，云资源管理平台可以采用vCloud、Axure或Openstack，实现自动化、一站式的IT基础设施服务交付。

或者，以云计算平台为基础，采用docker构建容器云，快速向用户交付基础设施服务。

（2）构建三维设计SaaS云计算平台。三维设计SaaS平台支撑个性化设计等业务场景，它的核心目标是将三维设计软件在图形加速系统的辅助下以服务的方式提供给设计人员使用，关键技术是共享高性能GPU、三维图形加速和远程虚拟桌面。

技术实现原理是，三维图形加速软件通过对OpenGL图形库的重新封装，实现本地用户调用远程GPU资源，多个用户同时共享GPU资源，配合远程虚拟桌面，设计人员共享使用三维设计软件，提高设计协同能力，设计部门可进行协同研发同一产品，解决了地理跨度的难题。

技术实现过程是，三维设计软件的应用主机接收客户端发来的请求，进行高性能的数据计算，生成2D图形，三维图形加速软件所在的渲染主机利用本地的图形处理卡对命令进行3D数据计算和渲染服务，完成3D渲染任务，渲染主机得到的最终图形通过远程虚拟桌面传输到客户端。

比如，服务端采用高性能图形工作站作为计算资源，DCV三维图形加速软件提供专业的3D数据计算和渲染服务，Inventor、Alias等三维设计软件进行高性能的数据计算，远程虚拟桌面可以采用realvnc，客户端通过浏览器、DCV endstation、RealVNC client访问SaaS平台，获取DCV渲染的3D图形结果。或者，采用Autodesk公司的Fusion云计算平台构建三维设计云计算服务。

2. 进行个性化设计

个性化设计和智能制造要求在概念阶段，充分考虑个性化需求，以用户体验为中心，重塑企业的设计、制造模式，精准行动，敏捷运营，生态协同与组织赋能，将工业自动化和信息化高度整合，即整合网络信息和物理系统，构建基于资源、信息、物品、人相关联的信息物理系统（CPS，Cyber-Physical system）。

业务模式是在设计信息、生产信息、用户使用及反馈信息高度智能化集成的基础上，通过智能化方式产生需求，设计师基于基础设计数据进行智能化的用户参与式设计，然后，将设计直接转变为生产信息并执行，完成智能化的柔性生产。紧接着，为用户提供产品的浸入式体验进行营销，最终通过智能互联的智能产品为用户提供产品即服务式的后服务，完成产品的完整生命周期。

个性化设计的业务过程是，设计师根据订单进行数据建模、设计，通过仿真模拟或者3D打印，以真实的触摸和感觉获得反馈对设计进行验证，开发和改进产品创意，自由地进行设计迭代。这个过程中需要贯彻标准化、系列化、模块化的思想，以支持大批量客户定制或产品个性化定制。

个性化设计最佳实践的一种场景是，应用分析工具，根据零部件的承载进行应力分析和拓扑优化，通过拓扑优化来确定和去除那些不影响零件刚性部位的材料，并在满足功能和性能要求的基础上，从多种结构优化的方案中找到功能和性能要求相同但重量更轻的结构，从而实现轻量化的创新设计。然后，再利用3D打印将这些复杂结构制造出来，从而实现整个创新过程。

3. 实行智能化生产

制造企业基于产品设计，结合工厂三维设计及物流仿真工具，系统地规划整条生产线上工业机器人的工作路径和工作节拍，驱动智能工业机器人进行柔性制造。

业务过程是，产品设计被传输到备料部门后，由备料部门对产品所需材料进行备料，并将材料加载至智能生产线，生产线上的智能机器人访问网络信息和数据，自主切换生产方式和更换生产材料，在智能生产线上实现个性化定制的工艺传递，机器人根据产品设计和工艺要求进行智能装配，完成生产。

4.实现服务化转型

服务化转型包含两个部分，如图6-5所示。

内容一：通过物联网、大数据、云计算、人工智能等新一代技术将企业服务由设备生产销售向设备维护和诊断等服务转移，实现企业商业流程和商业模式的转变，帮助用户"用好设备、管好设备"，提高设备利用效率、降低企业管理成本

内容二：开展智慧营销，为消费者体验设计完整的流程，通过数据的智能化采集、挖掘和分析，构建具有认知性的数字化体系

图6-5 服务化转型的内容

依赖物联网、云计算技术的发展，通过在产品上安装传感器，收集产品运行数据，对产品进行性能、质量实时监控，工程技术人员将更加充分了解当前产品的运行状况，从而对预防性维护等服务进行分层，将其作为额外的服务提供给客户，过渡到真正的产品即服务。

智慧营销的最佳实践是，基于数据的洞察与分析，实现对核心客户群体人员数量、消费频次、消费频率的精准统计，为消费者提供个性化和智能化的服务，拓展进店营销等前沿应用，通过数据分析、人工智能等数字化技术打造营销推广系统。

5.做到数字化管理

制造企业数字化管理的内涵是建立生产管控系统和运营管理系统，实现设计协同、计划协同、供应协同和工厂协同，智能排产和智能调度。

数字化管理的技术内涵是应用信息化系统，根据业务需求和策略，进行生产过程链全生命周期管理等内容，实现制造企业的设计、排产、生产、销售、服务等管理活动。

技术实现是，整合生产环节各类制造资源、支持用户在线开展生产计划及任务管理，根据设计文件、设备信息，进行生产派工；管理生产订单、采购物料、物料及零部件出入库、质量报表等；生产过程中，设备情况、加工进度可在线查看，并通过在线质量管理，保证最终产品符合要求；实现生产至销售各环节的管理，帮助企业从云端获得标准

业务流程管理规范，提升业务实践能力。

最佳实践是，建设生产管控系统和运营管理系统，包括ERP、制造企业生产过程执行系统（MES）、进阶生产规划及排程系统（APS）、主数据管理（MDM）、人力资产管理系统（HCM）、客户关系管理系统（CRM）、企业资产管理系统（EAM）、供应商关系管理系统（SRM）、业务流程管理系统（BPM）等系统，满足企业生产制造过程中的资源管理、生产执行管理、资源数据采集管理等主要需求，实现生产执行过程的管理、生产资源保障以及生产过程中的设备、人、物的管理。

小看点

制造业数字化转型是一个完美的闭环，包括智能感知、智慧决策、智能生产、智能服务、智慧分析（事后）、深度学习等过程。

资讯平台

据了解，现在全球工业互联网平台超过150多个，我国有269个平台类产品在装备、原材料、电子信息应用方面快速增长。业内人士指出，从世界各国发展的战略态势来看，主要国家和经济体密集出台了一系列的战略，特别是2018年，德国政府在发布数字战略2025之后，设立了数字委员会，发布了高科技战略2025。俄罗斯也发布了数字经济计划。在G20会议里，也发布了G20经济会议的部长宣言。所以说，从政府到产业都在加快制定相关的数字经济发展的政策。世界主要国家数字经济正在呈现快速增长的态势。

从发展态势来看，产业数字化是数字经济发展的主阵地，2018年上半年，数字产业化规模是3.15万亿元，ICT产业增加值同比增长15%，占GDP的比重是7.5%。发展态势的另一个方面中国制造业数字化转型正在稳步推进，总体规模快速增长。

第二节　零售业数字化转型

互联网时代，以人工智能、大数据、云计算、物联网等新技术为代表的第四次工业革命正扑面而来。在科技驱动的数字零售时代下，零售企业的数字化转型发展已成为行业的共识。

一、新零售的产生

2016年10月13日的阿里云栖大会上，马云大胆预言："未来的10年不会再是电商平台的时代，而是新零售的时代。"在社会公众探究新零售概念时，同年11月11日，国务院办公厅印发《关于推动实体零售创新转型的意见》，明确了推动我国实体零售创新转型的指导思想和基本原则，同时，在调整商业结构、创新发展方式、促进跨界融合、优化发展环境、强化政策支持等方面作出具体部署。

新零售不单纯依赖于网络零售，而是推动线上线下联动，重视对零售业全链数字化、在线化、智能化改造。新零售的本质如图6-6所示。

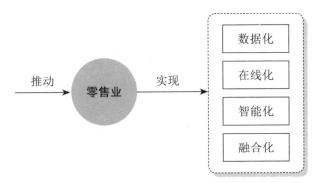

图6-6　新零售的本质

二、新零售的落地

生鲜商品一向是消费者购买频次最高的品类，"新零售"在此落地似乎顺理成章。

2016年3月，新零售标杆企业盒马鲜生正式开业，开创"餐饮＋零售"并提供三公里范围内30分钟上门配送服务，使其一诞生便成为焦点。

区别于传统零售，盒马自线上走向线下，运用大数据、移动互联、智能物联网、自动化等技术及先进设备，实现人、货、场三者之间的最优化匹配，并在门店标配使用汉朔电子价签同步线上线下信息。不仅如此，盒马从供应链、仓储到配送，盒马均有自己的完整物流体系，店内布置的悬挂传送带则是重要创新之一。

盒马鲜生的诞生意味着"纯电商已成过去"，它重新定义了人类未来的商业的"新模式"，即线上线下融合的新零售时代：手机上可以买，马路上可以挑，卖场里可以逛，而且所有产品同质同价。

 资讯平台

2020年初，新型冠状病毒肺炎疫情期间，全国多地蔬菜瓜果无法出村，而城市里农贸市场关闭，街边水果店闭店，分销渠道减少，消费者的日常生活受到不小影响。

作为少数从春节期间便一直坚持营业的零售商家，盒马鲜生的线上订单激增。

面对疫情期间的大量需求，盒马数字化基础上的线上线下一体化模式的优势逐渐显现，二者互补，保证特殊时期居民生活需求，也支撑了盒马的稳定运营。

线上通过"共享员工"等方式解决人手问题，让用户足不出户解决生活需求；线下一天多次补货全力保障货架是满的；做好门店防疫，引导有序购物，让没抢到线上配送的居民能够安全、快速完成采购，保障生活基本需求；创新无接触配送、社区团购方式，规模化解决买菜难题。

疫情发生以来，盒马坚持"不打烊、不涨价"，最大限度提升服务能力，全国200多家盒马鲜生会员店迎来线上线下双增长，线上流量是去年同期的近3倍，线上订单从50%增至80%。

旺盛的消费需求也推动了盒马逆势加速扩张。2020年3月中旬，盒马表示2020年会各开100家盒马鲜生会员店与盒马mini店。疫情期间盒马扩张速度不减，仅在3～4月之间，北京、上海、长沙、武汉已连开6家盒马新店。

三、新零售实现商业数字化

如果说电子商务实现了线下商店的网络化，那么新零售则实现了线上线下的双向融合，在本质上实际上是实现了商业的"数字化"。

1.新零售加速了线下零售数字化

对传统实体零售而言，建设漂亮时尚的商场、购物中心，以丰富的商品、礼貌的服务，加之以环境空间、灯光、陈列布置等，给予顾客优质体验。但是，这样的场景几十年来已经充分"商业化"，体验雷同，对消费者来说，渐渐缺乏吸引力。

在"新零售"带来的大变革面前，线下零售企业应该以"娱乐、互动、体验"为主诉求，将商业环境极大地融入娱乐的主题、艺术的主题、人文的主题等，为商业嫁接更多跨界的元素，给予消费者人性化的关怀，丰富多元化的体验，形成新的商业空间和氛围。

此外，建设全渠道营销组织，争夺更准确的消费者数据，改造柔性供应链……都是线下零售企业在"新零售"大环境下做出的改变。

2020年初疫情期间，全民"宅"在家，线上下单、线下配送的新零售模式缓解了人民生活的不便，互联网化的全渠道经营已成为特殊时期企业的业务重点。

比如，在福州，永辉超市依托有力的供应链和智慧零售系统保障了千家万户生活；在长沙，步步高通过"步步高better购"小程序，实现了到家业务10倍的增长；在无法开展堂食服务的情况下，西贝莜面村、庆丰包子铺等传统中餐企业甚至变成了外卖供应商。

事实上，在疫情的催生下，在线消费市场大幅度发展，给新零售奠定了很好的基础。疫情期间零售市场也发生着本质变化，原本不会使用智能手机的消费者已经变成忠实的线上消费者，而在家消费场景也有所增加。尤其是移动互联网和5G的快速普及，使得线上流量和渠道变得多元化，未来基于各个场景下的业态将诞生，线下多业态并行将成为发展的主流。

与此同时，传统的单一电商一定会变成多维度电商服务，这些服务的诞生让消费体验更好，黏性更强。30分钟送达带来更加完美的消费体验和品质保证，而社区社群、社区拼团、直播和KOL（关键意见领袖）等运营，使得触达消费者的手段变得多元化。专家认为，零售企业的数字化程度将成为决胜未来的关键。

小看点

零售企业只有通过数字化、互联网的提炼、分析，才能够让数据彰显价值；只有精准了解客户的偏好和习惯，才能实现最优的服务。

2.新零售推动了线上零售实体化

近年来，在大润发、苏宁、国美、世纪联华等线下零售巨头纷纷开启线上通路的同时，亚马逊、天猫、当当等大型电商平台却纷纷走进了商场、小区，踏上了实体化运作的新征程。

比如，天猫和银泰合作开商场；京东开了便利店；阿里巴巴成为世纪联华第二大股东，全面布局线下商超；腾讯携手家乐福打造了首家智慧门店"LeMarche"，主打餐饮、生鲜、进口商品、自有品牌。

同时，大量的"电商品牌"开实体店，做线下经营。

比如，三只松鼠，作为电商销量"传奇"之一的零食品牌，2016年9月在芜湖开业，开业一个月销售额达240万元。之后更是大力布局线下店铺，在城市里沿街的购物中心开线下店，并且线下商品和线上商品同质同价，解决了虚拟空间无法解决的体验问题，带来品牌影响力的持续提升。

线下商业的数字化，推动的是"会员流量化"，而线上零售的实体化正好相反，完成的是"流量会员化"。当然，由于线下零售很多关键的经营节点、现场管理的能力、物流管理、实体店突发事件应变能力等，是线上品牌商很少会触及的，因此，越来越多的品牌电商意识到建立O2O智慧门店新零售系统，通过电商软件整合线上销售、线下实体店零售和物流。可以说,线上线下统一的途径,是销售通路的变革,而这变革的原初动力和最终归宿,则是新零售。

四、新零售的商业模式

新零售本身属于商业范畴,其最突出的贡献也在于商业模式的重构。新零售构建的商业模式有图6-7所示的3个特点。

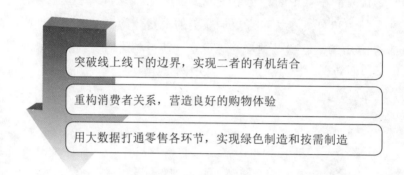

突破线上线下的边界,实现二者的有机结合

重构消费者关系,营造良好的购物体验

用大数据打通零售各环节,实现绿色制造和按需制造

图6-7 新零售商业模式的特点

1.突破线上线下的边界,实现二者的有机结合

线上和线下的融合不是简单地京东、阿里巴巴等电商在线下开办实体店,不是简单地将实体店的商品电子化放到网上,而是要充分利用线上的数据和互联网思维,对线下零售店进行赋能和改造,同时充分利用实体店的情景优势,为顾客提供良好的购物体验。

2.重构消费者关系,营造良好的购物体验

新零售最重要的目标就是良好的顾客体验。一方面,线下实体店的购物环境越来越亲民。目前新零售的基本策略是购物、娱乐、餐饮、物流等一体化。顾客可以在店面中选择理想的货品,可以获得简约但不简单的餐饮服务,可以将购买的商品通过物流等快递到家,极大地提升了顾客的购物体验。

比如,新零售的标杆企业盒马鲜生等零售店,都提供购物、餐饮、快递等一条龙服务。

另一方面,零售店通过大数据分析,重新摆放货品位置和搭配组合,提供各种体验技术(如VR)和视觉化盛宴,让顾客能够快速找到心仪的商品。

比如,杭州银泰百货在得到阿里巴巴的赋能改造后,能够更好掌握消费者偏好,从而为顾客提供精准服务。

3.用大数据打通零售各环节，实现绿色制造和按需制造

实现产能、渠道、物流等环节的大幅压缩。电商可以基于大数据资源，利用云计算和人工智能，对消费者的消费行为、偏好、习惯等进行精准立体式画像，将相关数据传递给生产商，生产商可以据此进行产品设计、加工、包装，从而使产品的针对性更强，制造效率更高，更能够获得消费者青睐。相关各种生产设备、人力、资金投入大幅减少，各种能源和资源的浪费大幅减少，对于推进绿色和可持续发展也大有助益。

五、新零售的转型之路

新零售是通过数据与商业逻辑的深度结合，真正实现消费方式逆向牵引生产变革。当下零售企业的信息技术已经普遍得到升级换代，并为下一步发展打下良好基础。

1.布局全方位渠道

在触达渠道与私域流量建设方面，越来越多的零售企业正在加速拓展线上业务，布局提速全渠道。通过数字化实现人、货、场的全面"在线"（如开设公众号商城、小程序商城，或是自建网络销售平台、入驻第三方网络销售平台以及自建移动端App），为顾客提供便利与高效的服务，通过线上线下各渠道的融合，实现相互引流和交叉销售。

2.深挖消费需求

在数字化转型持续推进过程中，消费数据采集及分析是企业深挖消费需求进而精准化运营的重要手段。越来越多的企业在营销过程中将会员和消费交易数据收集分析，配合信息技术的深度运用，优化商品组合，为顾客提供个性化产品和服务，实现精准营销。

3.开展多形式营销

在营销形式拓展方面，越来越多的百货零售企业通过新的互联网思维及数字化手段，如直播、短视频、微信群、小程序等社交媒体增加消费者触点，激发消费者的购物意愿，提升线上营销和销售比例。

现如今，通过电商平台、社交平台进行直播带货成为百货零售企业打通线上线下销售的常态化方式。另外，社群营销和微信、小程序商城也成为企业营销的重要渠道。大多数百货零售企业通过公众号、店长微信群、导购员微信等，与顾客实现线上连接；同时也把专柜的商品上线到自有的小程序或微信商城进行销售。社群营销和小程序商城能有效打造企业私域流量，形成转化或复购；配合直播带货的公域流量，能做到整个流量的交互，实现低成本精准营销。

4.增强消费体验

在增强消费体验方面，消费者"逛"的需求始终存在，只不过是以什么样的条件触发。线上的浏览和线下的体验是完全不同的，对于纯标准化的商品，线上有绝对替代的可能，但对具有体验性特点，需要试穿试用、需要人的服务的消费，线下是不可替代的。很多企业提出"线上种草，线下销售""线上引流，线下体验"，即门店是主战场，利用一切资源形成好的体验。体验是综合能力，不仅仅是增加了餐饮就是体验化了，符合消费者需求和品牌定位的商品组合、线上线下一致化的商品价格、良好贴心的购物环境和服务，也都是重要的体验元素。与消费者对接的每一个触点、业务的每一个环节都是体验，都有提升的空间。

小看点

随着消费客层年轻化、个性化的趋势，百货零售业"年轻化"的趋势也愈加显著，从商品能力、场景体验、消费感受、品牌选择等各个方面都在不断倾斜，以增加对消费者，特别是年轻消费者的吸引力，而这些也是百货零售业未来发展空间的所在。

第三节　农业数字化转型

数字农业是农业发展的高级形态，发展数字农业是《数字乡村发展战略纲要》提出的重要任务，也是我国由农业大国向农业强国跨越的重要途径。

一、数字农业的内涵

数字农业是数字经济在农业领域的重要实践。数字农业是将数字化信息作为农业新的生产要素，用数字信息技术对农业对象、环境和全过程进行可视化表达、数字化设计、信息化管理的新兴农业发展形态，是数字经济范畴下用数字化重组方式对传统产业进行变革和升级的典型应用之一。

由于目前数字农业发展尚处早期，对于其具体部分组成存在多种理解，所以数字农业是一个较为广泛的概念，主要由图6-8所示的4部分组成。

图6-8　数字农业的组成

二、数字农业的优势

数字农业的诞生是"人"到"数据"的关键决策因素的转变。因此，数字农业与传统农业有着明显的区别。

传统农业以人为核心囊括着养殖产业链和种植产业链下的育种、灌溉、施肥、饲养、疾病防治、运输和销售等环节。这些都是依靠过去积累的经验或手艺来进行判断决策和执行的，因此容易导致整体生产环节效率低、波动性大、农作物或农产品质量无法控制等问题。

数字农业则体现在互联网下的数据运用。通过数字化设备如田间摄像头、温湿度监控、土壤监控、无人机航拍等，以实时"数据"为核心来帮助生产决策的管控和精准实施，并通过海量数据和人工智能对设备的预防性维护、智能物流、多样化风险管理手段进行数据和技术支持，进而大幅提升农业产业链运营效率并优化资源配置效率等。

因此，整体比较下，数字农业有着传统农业无法比拟的优势。

三、农业数字化转型的意义

随着技术进步与创新步伐不断加快，世界主要农业发达国家都将数字农业作为国家战略重点和优先发展方向，将互联网、大数据、遥感、人工智能等现代信息技术广泛应用于农业发展全过程，构筑新一轮产业革命新优势，深刻改变了人们的生产和生活方式。

在我国，实现农业数字化转型具有图6-9所示的意义。

1.有助于农业高质量发展

农业是国民经济的基础，更关乎百姓"舌尖上的安全"，必须将农业高质量发展始终摆在重要位置，实现经济效益、生态效益和社会效益三者统筹兼顾。推进农业高质量发

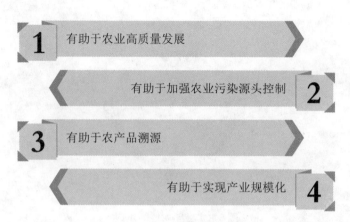

图6-9　农业数字化转型的意义

展，要在"绿色、安全、优质、高效"方面下功夫，它既包括高标准的农产品、高效益的产业，也包括高效完备的生产经营体系和高品质的国际竞争力，这些都离不开农业数字化转型。

2.有助于加强农业污染源头控制

在绿色发展方面，农业物联网、智能农业装备等数字技术的应用，有利于实现智能灌溉、精准施肥、病虫害有效防治、农作物长势监测等，进一步加强农业污染源头控制。

3.有助于农产品溯源

在食品安全方面，条形码、传感器等数字技术的应用，能够有效追溯农产品种植的农药化肥使用、生产过程添加剂使用，以及流通过程检验检疫信息等，有效追踪从田地进入市场再到终端用户厨房的全过程。

4.有助于实现产业规模化

在生产效率方面，农业机器人、自主作业系统、智能温室等数字技术的应用，有利于改善土壤质量，提升设施农业智能化，进而实现产业规模化效益。

　资讯平台

截至2019年年底，全国行政村通光纤和通4G比例均超过98%，贫困村通宽带比例达到了99%，实现了全球领先的农村网络覆盖。截至2020年3月，我国农村网民规模为2.55亿，农村地区互联网普及率达到46.2%。农业农村信息化基础支撑明显提升，农村地区宽带用户接入速率和统计水平明显提升，农村与城市基本实现了同网同速。

当前，以人工智能、区块链、大数据等信息技术为核心的新一轮科技革命和产业

变革正在孕育兴起，为加快实施乡村振兴战略、实现农业农村现代化，创造了时代机遇、提供了全新手段。

数字对农业来说，意味着什么？未来的发展趋势就是数字转型，而农业是数字资源最丰富的行业，农民对数字技术的需求最为迫切，农村数字经济发展的潜力最大。数字经济已经成为世界各个国家综合国力竞争最重要的指标。例如，美国的数字经济比重已经超过了60%，日本、英国、德国等数字经济规模大约都在50%以上。虽然我国农业数字经济的渗透率或者是增加值只有8.2%，远低于工业和服务业，但农业数字转型将成为必然。

四、数字农业的商业模式

数字农业具有农业生产高度专业化、规模化、企业化，农业生产体系完善以及农业教育、科研和推广"三位一体"的三大特点，在这三大特点下，数字农业衍生了如图6-10所示的五大商业模式。

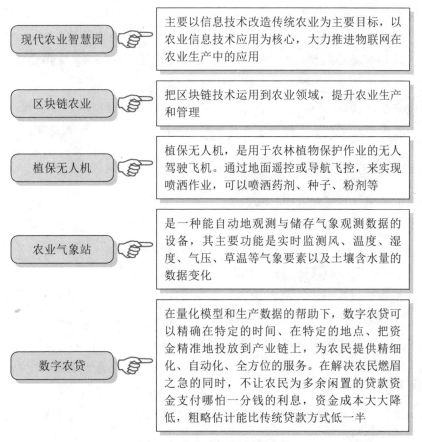

现代农业智慧园 主要以信息技术改造传统农业为主要目标，以农业信息技术应用为核心，大力推进物联网在农业生产中的应用

区块链农业 把区块链技术运用到农业领域，提升农业生产和管理

植保无人机 植保无人机，是用于农林植物保护作业的无人驾驶飞机。通过地面遥控或导航飞控，来实现喷洒作业，可以喷洒药剂、种子、粉剂等

农业气象站 是一种能自动地观测与储存气象观测数据的设备，其主要功能是实时监测风、温度、湿度、气压、草温等气象要素以及土壤含水量的数据变化

数字农贷 在量化模型和生产数据的帮助下，数字农贷可以精确在特定的时间、在特定的地点、把资金精准地投放到产业链上，为农民提供精细化、自动化、全方位的服务。在解决农民燃眉之急的同时，不让农民为多余闲置的贷款资金支付哪怕一分钱的利息，资金成本大大降低，粗略估计能比传统贷款方式低一半

图6-10 数字农业的商业模式

五、农业数字化转型的推进

我国农业数字化转型过程是集合各种前沿技术于一体，将多项前沿技术与农业生产、经营、管理、服务等进行深度融合，形成一个最优化的农业生产经营流程，为我国乃至全世界的农业变革注入强劲的动力。

1.农业生产全流程智能化

将物联网技术应用到现代农业生产设施设备领域，可极大地提高现代农业生产设施设备的数字化、智能化水平，实现对农业生产完整过程的数字化控制，智能化地处理农业生产经营和管理服务过程遇到的一系列问题。

在种植业方面，如何精准控制育苗、播种、施肥、灌溉、病虫害防治等生产环节是重点。

在养殖业方面，对畜牧品种、饲料使用、生长环境、疾病防控等生产环节的管控是重点。

从我国农业生产智能化的发展情况看，除了传统养殖企业向智能化方向转型升级之外，具有技术优势、市场优势的大型互联网企业也纷纷加快智能养殖领域的布局。

比如，阿里云依托ET农业大脑与四川特驱集团、德康集团等传统农企合作，将人工智能、物联网技术运用到生猪饲养环节，运用深度学习、神经网络等算法，对母猪生长情况、猪场管理情况进行实时分析，提供管理优化解决方案。

又如，京东与农信互联等企业合作，实现了300万头母猪联网，在"数据+算法"模式的作用下减少了人工成本，降低了饲料使用量，提高了猪场的生产效率。

2.农产品流通电商化

电子商务的快速发展为农产品流通提供了新的平台和基础。

随着2019年《数字乡村发展战略纲要》的颁布，中国迎来数字农产品电商发展的新时代。2019年以来，我国各级政府继续把促进农产品上行作为主要任务，农产品上行将成为消费扶贫和消费电商扶贫的重要内容。

智慧冷链物流对生鲜农产品流通实施全程温控，确保产品品质，大幅降低了产品损耗。深化电子商务进农村综合示范，培育农村电商产品品牌。通过网络直播、微商、社群等推动了互联网营销的快速迭代，同时也减少了农产品流通环节。

比如，2020年9月16日，在广东东西部扶贫协作产品交易市场A大堂广安展馆，主播通过手机进行四川扶贫产品直播带货。当天通过淘宝平台进行近6小时的直播带货，吸引了众多网友"围观"，线上观看人数累计超过43万人次，成交订单金额达10万余元。

农产品线上直播行为，未来随着直播场景不断拓展、政策支持更加给力、主要平台积极推进以及相关技术不断发展，这会成为一种趋势，发展空间还很大。

3.农业公共服务多元化

通过将移动互联网、云计算、大数据等现代高新前沿技术应用到农业公共服务当中，进一步提高现代农业服务的便捷性和灵活程度，让农民感受到各种生产、生活信息服务是全球数字农业发展的重要趋势。

从我国的发展情况看，《"十三五"全国农业农村信息化发展规划》将提升农业农村信息化服务水平作为"十三五"期间农业农村信息化发展的重要目标之一。到2025年，预计我国农村互联网普及率将超过70%，信息"进村入户"村级信息服务站覆盖率将大幅提高。

第四节　金融业数字化转型

当前，金融科技迅猛发展，云计算、区块链、5G技术等可能成为数字化转型的强力支撑，金融机构应积极借力金融科技赋能数字化转型。

一、金融业数字化转型的关键

作为高度信息化的产业，金融行业的数字化转型和创新发展离不开基础设施的底层支撑，其中最重要的就是数据基础设施。然而，银行的数据处理能力面临着海量交易、数据处理效率和数据全生命周期管理等方面的挑战。

近年来移动支付的爆发、线上信贷的实时风控、差异化个性化的营销服务等业务都对数据处理提出了新要求。

以移动支付为例，小额支付兴起的背后是银行系统7×24小时支撑交易活动，时延低至0.5毫秒，可靠性达到99.9999%甚至更高。

因此，与金融服务模式新变化相伴而生的，是银行数据基础设施的新变革。

二、金融业数字化转型的思维

真正的数字化转型，一定不是局限在某个条线上，也一定不是针对某个产品或者服务流程的，而是在战略层面有顶层设计和全局思考的，在理念和思维方式上完成转变，这涉及考核机制、资源分配、科技投入甚至在组织架构上的重构和转型，因此，金融机构数字化转型必须要有全局思维。

1.银行网点的创新转型

密集分布的网点曾经是银行提供服务的重要渠道，但随着信息科技的高速发展，传统金融服务模式面临巨大的挑战，每年数百万的网点运营成本让商业银行倍感压力，银保监会数据显示，截至2020年6月30日，上半年共有1332家银行网点关停。

在数字化思维下，也有一些银行重新定义网点，创新经营模式，例如引进先进设备提高网点的智能化水平，为用户提供介于纯人工服务和线上智能服务之间的服务，提升用户体验。

相关专家建议，银行网点可以转型为场景服务机构，以客户视角为核心，依靠5G、物联网技术进一步打通线上和线下的接入点，建立无缝化生态系统，为用户提供更精准、有效的服务。

2.组织架构的创新转型

传统金融机构转型艰难的另一个原因在于其在组织架构层面上往往把科技和业务分离出来，但是为了让整个机构彻底完成数字化转型，需要让科技和业务深度融合，将科技资源更加深入到业务的规划和决策中去，甚至与业务共同承担发展责任。只有两者密切协作、互相启发和促进，才能使数字技术发挥更大的潜能，让机构在面对市场变化和竞争中实现更加敏锐的决策和行动。

以商业银行为例，银行可以将渠道、产品、风控、运营系统建设的研发团队配置到相应的业务条线中去，尤其是让科技骨干人员参与到日常业务的规划和经营活动中去，和业务人员共同承担业务指标，团队的工作模式应该由原先的项目驱动转变为产品驱动和运营驱动的模式。此外，赋予最具业务思维的科技人员更多的项目规划权和决策权，让技术体系更敏捷地聚焦在具有业务价值的交互板块中。

三、金融业数字化转型的着力点

金融作为现代经济的核心。当前，金融业已经感受到数字化浪潮到来的冲击，正积极顺应数字化时代趋势，依托所积淀的金融数据要素并运用金融科技手段加快自身数字化转型步伐。在这个转折阶段，金融数字化转型更应注意与传统产业数字化转型结合，始终坚持以服务实体经济为导向，与产业数字化转型同频共振、融合发展。具体来说，可从图6-11所示的3个方面来着力。

1.依托金融科技手段赋能企业数字化转型

2020年5月，国家发改委、中国人民银行等多部门共同启动了"数字化转型伙伴行动倡议"。各类金融机构可基于自身在数字化转型与金融科技应用方面的经验积累，通过

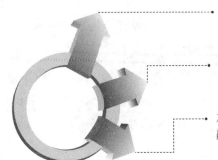

依托金融科技手段赋能企业数字化转型

为数字化产业链供应链提供嵌入式金融服务

加强数字技术研发与应用创新的金融支持

图6-11　金融业数字化转型的着力点

网络平台、手机App等载体，不断完善账户管理、支付结算、投资理财、贷款融资等数字金融服务体系，由此推动与企业数字化转型的结合。

同时，加快探索推进规划咨询、财务顾问、经营分析、移动办公、信息基础设施等增值服务创新，争取为企业客户提供融资融智结合、线上线下互动的一站式综合金融解决方案，目的就是要推动破解传统企业特别是中小微企业数字化转型面临的成本偏高、周期较长、资金短缺、能力不足等现实困难，让企业客户真正感受到数字化所带来的便利。

2.为数字化产业链供应链提供嵌入式金融服务

供应链金融是数字化时代金融机构深化服务、提高效率的重要领域。各类金融机构可抓住国家推动数字经济创新发展试验区建设的时机，进一步深化与产业链龙头企业、供应链核心企业的联动对接机制，打通产业链供应链数据通道，积极探索建设符合经济运行规律、富有特色并有效防范风险的数字化合作平台，推进产业链运营、供应链管理、交易风险管控等领域的数字化改造升级。

金融机构可面向上下游企业和生态圈企业提供应收账款融资、预付款融资、仓单质押融资、贸易信用保险等精准金融服务，打造"产业经济+金融服务"的数字化生态闭环，着力破解中小微企业融资难、融资贵、融资慢等问题。

3.加强数字技术研发与应用创新的金融支持

在做好隐私保护和数据安全的前提下，加强跨地区、跨部门、跨层级统筹协调，积极推进金融与司法、社保、工商、税务、海关、电力、电信等行业的数据资源融合应用，为数字技术发展奠定坚实的数据要素基础。

各类金融机构可重点围绕科技型创业创新企业，加强信易贷、税易贷、云量贷等金融服务创新，为人工智能、大数据、云计算、区块链、5G、物联网等先进数字技术研发和集成创新提供精准支持，夯实产业数字化转型的共性技术支撑。

此外，金融业还应积极应用数字技术创新成果，针对性地解决自身发展面临的痛点、难点，打造更多具有示范辐射效应的数字金融应用场景。

比如，发挥区块链分布式、防篡改、可追溯等技术优势，在会计师事务所、企业、银行之间建立基于区块链的数字函证服务，杜绝虚假或不实函证，防范操作风险和欺诈风险。综合运用区块链、多方安全计算等技术推动征信体系建设，在金融机构与企业之间建立风险预警机制，提高信用风险防范能力。

总之，金融业实现自身数字化转型并支持各传统产业数字化转型意义重大，任务艰巨，这需要凝聚各方智慧和力量。

根据相关年报数据显示，国有大型银行和全国股份制商业银行的科技投入基本都在10亿元以上。中国建设银行在2019年共计投入了176.33亿元用于科技领域，成为了所有银行当中科技投入最高的银行；招商银行的科技投入是占营收比重最高的银行；平安银行在年报中指出，2019年该行IT资本性支出及费用投入同比增长35.8%，其中用于创新性研究与应用的科技投入为10.91亿元。

由此看来，银行机构十分重视数字化转型的基础设施建设，金融科技在应用层面已经全面开花。

四、金融业数字化转型趋势

近两年，用科技重塑业务发展模式在金融领域已经达成共识。在科技浪潮席卷而来的当下，未来中国金融业数字化转型的发展趋势如图6-12所示。

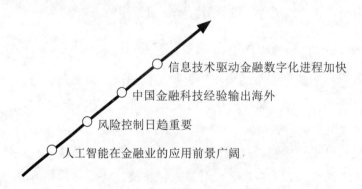

图6-12　金融业数字化转型趋势

1.人工智能在金融业的应用前景广阔

人工智能在金融业拥有广阔的发展前景，它将成为金融机构的一种核心能力。人工智能技术不仅可以帮助金融机构更好地为客户提供服务，还可以防范金融风险、实现智能风控，这一点十分重要。利用人工智能技术，金融业可以实现智能理赔、智能催收，为用户提供智能管家、智能财务等多样化的智能服务，从而减少人工运营成本，提升金融企业运营效率。

2.风险控制日趋重要

风险控制是开展金融业务的重要基石。随着业务线上化、移动化发展，普惠金融用户数量快速增长，抑制金融风险的难度在不断加大。如若风险控制不足，金融机构的发展可能将会停滞不前。因此，对金融业来说，风险控制有着举足轻重的作用。

3.中国金融科技经验输出海外

如今，中国金融企业的数字化转型已走在世界前列。现在中国已具备向其他国家输出宝贵的金融科技经验的能力。

比如，东南亚的金融企业可以将中国金融企业的许多实践经验视作有效借鉴，这些经验将有助于他们更好地发展数字化金融，这将是一个趋势。

4.信息技术驱动金融数字化进程加快

信息技术是数字化转型不可或缺的组成部分，离开了区块链、云计算、大数据等信息技术，数字化就是空中楼阁、无源之水，金融业的数字化也是如此。

比如，利用机器学习技术，金融企业可以更有效地处理数据、分析数据，寻找相应的解决方案，以便为客户提供更高质量的服务，同时不断在学习中改善方案。随着这些信息技术的发展成熟，在金融领域应用的持续深化，金融业的数字化转型也将越来越顺利。

五、证券公司数字化转型实施路径

证券公司数字化转型要坚持技术驱动、模式牵引、价值导向的理念，探索承载零售、机构、投资、投行等业务模块，覆盖清算、运营、运维、合规、风控、办公等管理模块的转型路径，打造金融科技发展的"四梁八柱"，全面提升内部运营效率和客户服务水平。具体来说，证券公司数字化转型可参考图6-13所示的实施路径。

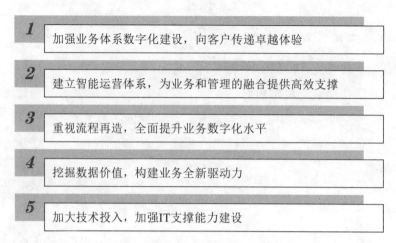

1 加强业务体系数字化建设，向客户传递卓越体验

2 建立智能运营体系，为业务和管理的融合提供高效支撑

3 重视流程再造，全面提升业务数字化水平

4 挖掘数据价值，构建业务全新驱动力

5 加大技术投入，加强IT支撑能力建设

图6-13　证券公司数字化转型实施路径

1. 加强业务体系数字化建设，向客户传递卓越体验

整合零售资源，打造覆盖所有零售客户服务项目的零售体系，通过构建体系化的拓客机制，加强中后台与一线联动，辅助精准匹配的服务与产品，实现营销与服务一体化。同时，加强客户分层分级管理，定位不同层次客户的多样化需求，优化资源配置，助力企业财富管理转型。

（1）面向机构客户建立一站式综合金融服务体系，最大化挖掘客户价值，标准化和差异化相结合，敏捷高效响应客户需求，优化机构客户服务能力。关注客户全生命周期服务的机构体系建设能够极大地提升机构板块的服务质量，拓宽机构业务交叉销售的可能性，提升证券公司品牌影响力。

（2）通过投资交易体系的建设，提升自营板块的交易能力和风险管理能力，提高自营业务交易效率和准确率，并逐渐向全币种、全品类、全市场的目标靠近，支撑自营板块在投研效率、投资管理基础设施以及投后管理等方向的优化需求以及行业内投资交易一体化趋势，形成投资交易良性循环，保障自营板块高速稳健发展。

（3）打造投行业务平台，优化投行服务机制，全面促进投行数字化体系建设，提高业务执行效率，降本增效，实现业务管理标准化、规范化，提升整体客户服务能力，通过机构业务协同服务机制，实现交叉销售互利共赢，支撑投行板块在数字化建设上迈向更高层次。

2. 建立智能运营体系，为业务和管理的融合提供高效支撑

在确保安全的前提下，有机融合办公流与业务流，实现端到端串接，有效促进风控、合规、登记结算、财务、人力、审计等中后台组织的高效运转，保障业务健康运营，消除重复性高、附加值低的手工劳作，为业务和管理融合提供高效支撑。具体措施如图

6-14所示。

结合监管科技，整合运营、交易、自营、信用等各条线的风控资源，从事前、事中、事后，从体内监控机制与体外监控机制，从统一视角与分解视角，从长期性与实时性等多个维度进行全面风险管理体系建设，实现风险可控、可测、可承受，助力证券公司稳健经营

整合现有清算、结算模式，结合行业发展方向，打造统一"清算中心"，做到7×24小时业务支持、模块化清算、差错调整实时化和影响最小化，实现清算、结算全流程的自动化、可视化、智能化

打通业务和财务的瓶颈，实现业财一体化融合，达到财务、业务的闭环追踪检视的目标，从财务视角提供决策依据，打造智慧决策支持体系，提升趋势预测及业务指导能力

图6-14　建立智能运营体系的措施

3.重视流程再造，全面提升业务数字化水平

流程梳理与优化是企业经营的"法宝"，尤其是业务流程的梳理与优化，一直是各类企业的"要旨"。在经营管理和流程管控实践中，流程梳理与优化是一项事关业务发展的基础性工作，也是一项需要全公司协作参与的持续性、长期性工作，对证券公司的内部控制和风险管理都起着积极的作用。

流程优化应具备顶层设计和全局视野，坚持"以客户为中心"的原则，从流程细节出发，挖掘流程所含问题点，并基于流程对象、流程类型、合规风险设计端到端的流程优化方案，最终实现如图6-15所示的优化目标。

图6-15　流程优化的目标

4.挖掘数据价值，构建业务全新驱动力

结合大数据、人工智能等先进技术的应用，通过对数据进行分析和挖掘，提升企业洞察客户、洞察市场、洞察行业的能力，从洞察走向赋能业务创新，用洞察驱动稳健经营，最终形成核心竞争力。具体措施如图6-16所示。

1 提升将海量数据转化为高质量数据资产的能力，为客户提供更具个性化、智能化的产品和服务支撑

2 提升筛选符合公司战略发展方向的高质量数据资产的能力，为自营、机构、财富管理等经营决策提供数据支撑

3 提升在海量数据中发现规律、甄别风险、洞察趋势的能力，通过对客户、员工、产品、行为、过程、业务、价值、效率的分析为管理决策、风险控制、业务拓展、服务优化提供数据支撑

图6-16　挖掘数据价值的措施

5.加大技术投入，加强IT支撑能力建设

数字化转型加速证券业市场的变化，企业应当着眼于IT基础能力建设，通过制定一系列规范和机制保障IT工作顺利开展，为适应不断变化的市场及强化核心竞争力打下坚实的技术基础。

（1）从整体角度出发，逐步将传统垂直、封闭式的IT架构转变为云化、服务化的开放架构，设计思路从关注"内部流程运作"向关注"用户体验"转变，系统建设从"内部作业系统"逐渐转变为"与用户连接的实时智能系统"。

（2）在顶层设计的指引下，建设以客户体验为驱动的应用前台、以服务为导向的业务中台、以安全高效快速灵活为目标的弹性IT架构后台、以智慧化资产化为标准的数据智慧平台，打造引领业务发展的数字化、智能化IT支撑体系。

六、商业银行数字化转型实施路径

近年来，商业银行在依托现有金融科技力量强化线上服务的同时，也逐渐认识到进一步发展金融科技、拓展线上服务渠道的重要性。今后，商业银行可从图6-17所示的3个方面进一步做好数字化转型。

1.继续加大金融科技投入，向数字化银行转型

当前，银行数字化转型已经成为行业共识。

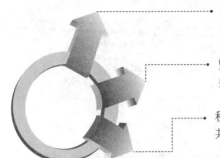

继续加大金融科技投入，向数字化银行转型

坚持以客户为中心，注重科技与业务融合

积极打造开放共享平台，构建合作共赢生态

图6-17 商业银行数字化转型实施路径

比如，工行、建行等国有大行，招行、平安、浦发等股份制商业银行以及北京银行、上海银行等城商行，纷纷将金融科技作为发展战略，招商银行更是在章程中规定：每年投入金融科技的整体预算额度原则上不低于上一年度本行经审计的营业收入的3.5%。

在头部商业银行继续发力金融科技，向数字化银行转型的同时，一些中小银行在数字化转型过程中也存在一定的"知易行难"，如中小银行数据治理仍存在一定的问题，数据孤岛等现象仍不同程度的存在等。

因此，商业银行尤其是中小银行一方面要积极学习先进数字化转型银行的经验，并结合战略规划对本行相关业务进行调整，另一方面可以积极借助外力进行技术赋能，减少成本支出。

2.坚持以客户为中心，注重科技与业务融合

商业银行需进一步深化以客户为中心的理念，在体制和机制方面进行改革，通过流程的再造和优化从过去的部门管理模式向流程管理模式转变，同时注重科技与业务的融合发展，更好地提升产品的竞争力和便捷性，借助金融科技的力量拉近银行与客户的内心距离。

比如，商业银行可结合小微企业需求，运用大数据、人工智能等技术，进一步优化小微企业续贷程序、改进小微企业授信审批和风控模式，提高信贷的响应、审批和发放效率，缓解中小微企业融资问题。

3.积极打造开放共享平台，构建合作共赢生态

在当前商业银行积极构建开放共享平台的背景下，实力较强的商业银行可进一步整合业务生态，开放更多的API接口给第三方合作伙伴，更好地为客户提供金融和非金融等一站式综合化服务。同时，一些中小银行可主动调整开放策略，以合作的方式融入更多外部场景，在"潜移默化"中培养客户的金融习惯，进而吸引客户。

七、保险公司数字化转型实施路径

保险业的数字化转型就是利用数字科技提高保险业的风控、精算、服务等水平，加速自身的数字化战略发展，寻求以科技赋能保险业。其实施路径如图6-18所示。

图6-18　保险公司数字化转型实施路径

1.重塑业务边界

数字化转型是深化客户关系和掌握深入洞察的良机，但其本身不是一个差异化因素。脱颖而出的关键是明确竞争优势。不仅如此，在风险防范和客户体验方面积极创新，以具有商业价值的方式转型也很重要。下一步，应着力将资源投入到实现客户承诺的能力建设上。

2.严选生态圈

随着保险以外的商机越来越多，保险公司既是产品和服务的设计者也是直销商。在这种情况下，如何结合固有的优势和客户资源，融入相应的生态圈显得非常重要。无论选择哪种生态系统，都需要确定如何融入、与谁合作以及如何巩固客户忠诚度与合作关系。

3.优化旧系统，提效率、促增长

业务转型不能一蹴而就，因此需要在新业务模式和旧系统平稳过渡之间取得平衡。选择性地关停旧系统并向新系统过渡，这个过程非常重要。对不同组件进行升级并集成至现有平台似乎是最实用的选择，但难度也很大。另一种方法是一次性搭建完全符合现代化标准的系统，在经过调试和改进后，将客户从现有平台转移过去。

4.重视人才培养

市场一直在关注机器人流程自动化和人工智能将取代哪些工作岗位，然而更有可能的是，工作中的一些环节将实现自动化并得到强化。因此，重要的是了解工作内容如何变化（如理赔的处理和结算）、员工如何充分利用释放出的时间，以及如何让科技为这个过程赋能。

5.加速落地实施

随着变革速度不断加快，复杂程度不断上升，执行力和变革管理也将成为保险公司的核心竞争力。重新审视如何构思变革、创建计划、制定和实施预算，摆脱冗长的实施流程，转而采用灵活的方式，显得尤为重要。数据越来越关键，打破阻碍数据共享和方案执行的运营与技术孤岛，比以往任何时候都更重要。

第五节　教育行业的数字化转型

近年来，面对人工智能、云计算、区块链等前沿技术的不断革新，在线教育产业得到了快速发展。加之经济结构转型升级迫在眉睫，发展好、运用好数字技术，成为当今中国教育面向未来必须要做出的改革和改变。

一、在线教育的兴起

随着互联网的普及，网络技术不断的进步和发展，在线教育应运而生，接受度和渗透率正在持续提升。

在线教育即e-Learning，或称远程教育、在线学习，现行概念中一般指的是一种基于网络的学习行为，与网络培训概念相似。

简单来讲，就是通过网络学习，使用各种终端完成学习的各个环节。如通过看视频、看课件、在线互动、看直播等方式进行学习。

二、5G推动在线教育发展

在线教育作为一个流量消耗大、重体验服务的行业，国内的在线教育受益于4G末期，将在5G技术下迎来爆发期。5G技术将为在线教育的"移动性"提供强大的技术保障。

5G时代下，技术创新必将会升级学习体验，在线教育与人工智能以及大数据的连接愈加紧密，将渗透到在线学习的各个环节。随着对个性化发展和个性化教育的强调，众多的需求催生了在线教育精准教学的趋势。从对学习资料的获取、学习的沟通管理环节到核心的教学内容环节，以适应时代需求。

1.学习效率得到提升

5G网络的使用预计能将网络延迟减少到10毫秒以下，因此对于网络来说能为使用对象带来更为流畅的体验。5G带来的是传输革命、高质量视频传输、通话，特便是为21世纪教育的发展和普及提供了空前强大的技术和载体支持。对于现在发展迅速的在线教育行业来说，它的优点会因为5G网络的使用，使其进行教育传达的速度和面对面教育传递信息的速度几乎一致。那么，人们将不再局限于年龄、职业等，教育方式会发生很大的变化，教育资源即将得到最大限度的利用，随时随地都可以借助5G带给我们流畅的体验，学习云端的各种教学资源。

2.教育资源得到共享

5G超稳定的广域移动数据传输，能够让远程多课堂即时通信成为可能，不论你在发达地区或发展中地区，都能通过实时传输的教育教学视频，实现跨地域的资源共享。同时，在努力提高教育资源高效应用的前提下，也有益于更好地消除教育地域性不均衡的矛盾。

5G带给教育的是模式高效、使用方便、资源互联互通、低成本等的特性，打破了传统教育在地域方面的限制，任何一个地方都可以借助物联网和虚拟现实等技术，在直播过程中师生可进行有效的互动，他们在这个过程中能够获得像现实教学一样的学习体验，那我们的学习将会变得无处不在。从此，人们不会再为到处找免费的无线网络而苦恼，因为5G能够为你随时随地提供自己想要的教育资源，并且足够快速地让人们享受到信息传递服务的便利。只要5G网络可以覆盖的地方，就能和其他先进教育院校的学生一起来分享来自顶尖教育专家的教学指导，并且能够与专家们进行交流，此时教育也就变得更加平等，教育资源的分配将打破地域的限制，教育资源共享惠及全人类。

 **相关链接**

5G时代，在线教育发展趋势

5G技术对在线教育的工具和技术变革带来利好：最大限度地提升人的移动性，在任何时候、任何地点、任何人（终端）都能够获得实时、高保真的通信。相似的是，提供在线教育服务的愿景也是借助互联网技术把PC、手机、AR眼镜等学习终端连接在一起，实现任意时间、任意地点、任意一人、任意学习资源连接。

那么，5G时代，有哪些在线教育场景值得我们期待的呢？

1.移动在线教育

5G+实时音视频技术的成熟，将推动远程直播教育在移动环境中的高频运用，如利用碎片化时间在公交车或地铁上和外教连线练习口语。一张支持移动环境的高速网

+超低时延的5G网，使得教学不再被限制在学校，完全可以随时随地学习。

2.AR/VR沉浸式在线课堂

5G与教育的碰撞，必将带来全新的教育模式，加速推动现有的教育产品创新迭代，AR/VR带来的沉浸式教育体验就是其中之一。5G来临后，基于VR设备技术的发展，实现可随身携带、可穿戴化，突破线下场所的限制，真正实现随时随地、沉浸式、趣味性学习。学生如临其境，学习专注度更高，愿意主动探索知识，在一定程度上也提高了学生的创新能力。

基于5G网络，AR/VR在线课堂体验将大幅提升，可以很好地解决以往由于带宽不够导致的画面模糊、晕眩感等问题；同时通过VR构建虚拟学习环境，学生戴上传感设备就能动手实践；简单的听说读写转变为"眼见为实"的沉浸式学习方式，可弥补重理论轻实践的不足，也对职业院校、实验室等重实操的教学需求提供了切实的解决方案。

3.丰富互动性的智能硬件

5G将"人"的连接扩展到"万物连接"，随着可接入设备增多，将出现丰富的智能IoT硬件。目前市场上已经有不少智能音箱、点读故事机等幼儿内容服务，这些创新的启发式教育设备让孩子在互动环境中学习，未来像乐高一样具有高可玩性的实时在线的智能硬件设备也会越来越多。

未来是"AI+教育"时代，人工智能将在5G及超高清技术的引领下，不断深化应用，更好地辅助老师教学、学生学习、学校管理。

三、人工智能助力在线教育转型

随着深度学习技术的发展和普及，在线教育与人工智能的结合越来越紧密。从直播，到VR、AR再到人工智能，技术的更新换代推动着在线教育的变化发展。

1.人工智能与教育的融合

"AI+教育"是指在人工智能与教育深度融合与发展的条件下，以基于教育场景的人工智能应用为路径，促进教育公平，提升教育质量，实现教育个性化。具体来看，"AI+教育"是人工智能在教育领域中创新应用的技术、模式与实践的集合，可划分为"计算智能+教育""感知智能+教育"和"认知智能+教育"，即AI+教育正从"能存会算"向"能听会说与能看会认"发展，最终实现"能理解与会思考"。

当前，人类社会正在迈向人工智能时代。新一代人工智能相关学科发展、理论建模、技术创新、软硬件升级等整体推进，正在引发链式突破，推动经济社会各领域从数字化、网络化向智能化加速跃升。在教育领域，人工智能应用日益广泛，正在逐步融入教育核心场景、核心业务。

2.人工智能赋能在线教育行业用户端

目前，在线教育竞争已经进入到一个新的阶段，针对用户端（学生和老师），人工智能技术已经在在线教育领域有了初步的应用。主要体现在图6-19所示的5个方面。

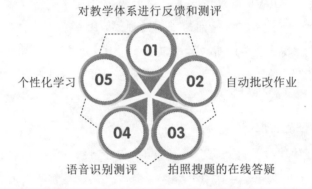

图6-19　人工智能在线教育领域的应用

（1）对教学体系进行反馈和测评。借助场景化数据，辅助AI技术，人工智能在教研方面，能够对考试规律做深度分析，根据学员的答题预判该学员的考试结果；在教学方面，人工智能可以找出以往课堂上学生学习的难点和偏好的教学方式，为老师的教学提供有效指导。

（2）自动批改作业。AI可以通过知识图谱、认知诊断模型，根据学生的学习、行为数据定位出该生相应的知识掌握状态，AI也可以作为替代老师的一部分劳动工具，如辅助阅卷、个性化布置作业等。

（3）拍照搜题的在线答疑。利用人工智能的图像识别技术，在K12（Kindergarten through Twelfth Grade，学前教育至高中教育的缩写，现在普遍被用来指代基础教育）在线教育领域的拍照搜题App，通过把学生拍的照片转换为题目，再搜索到解析过程和答案。一定程度上解放了学生家长陪做作业的时间，学生通过AI在线答疑，也提高了学习的效率和兴趣。

 资讯平台

随着人工智能等新兴技术的深入应用，在线教育平台能够为家长、老师、学校提供更有效的教学辅助。

作业帮以"拍照搜题"功能为切入点，利用图像识别、智能题库、精准检索等人工智能技术，模拟了学生遇到问题，寻求帮助的学习过程。

只要学生用手机对着不会的题目拍照，就能立刻得到题目的详细解析、知识点讲解、相关练习等一整套学习服务。

据介绍，作业帮每年为用户提供累计超过350亿次作业辅导和知识讲解，超过5亿次"举一反三"练习，超过20亿次各类练习，超过2000万次问答，超过100万小时的答疑讲解。

据介绍，作业帮的"人工智能+大数据精准教育"系统能利用大数据技术，完成对学生学习进度、学力、习惯的跟踪和分析，系统后台能够准确对用户进行用户画像，找到他们的知识薄弱点，形成用户学情报告，这可以帮助老师和学校更细致地了解每一个学生的情况，并有的放矢地制订更精准的学生学习计划。

通过对学生学习行为的跟踪和分析，可以发现最近一阶段，甲市初中学生在数学学习方面，遇到的知识难点是：多项式乘多项式、平行线的性质、幂的乘方与积的乘方、解二元一次方程组；而同期乙市初中生遇到的数学知识难点是：因式分解（运用公式法）、反比例函数的性质、平行线的性质、因式分解（提公因式法）、平行四边形的性质。

两地学生的学习情况有着很大的不同，相应的教学方法和重点也应该有所区别。如果有上述大数据作为支撑，老师和学校就能制定出更有针对性和效果的教学方案，能够更好地帮助学生学习。

（4）语音识别测评。在语音识别方面，某些英语学习App程序自动为用户的口语打分，帮助其不断提高口语水平。这个不仅适用于K12教育领域，也正广泛应用于职业英语线上培训领域，获得了众多在职人士的青睐。

（5）个性化学习。传统的学校教育无法真正做到对每个孩子有教无类和因材施教，但人工智能带来了这样的机会，通过跟踪记录学生的所有学习过程，发现学习的难点、重点所在，从而帮助学生及时调节学习过程，量身定制学习计划。

人工智能与在线教育结合后，一门有着上万听众的课程，通过技术分析就得到了上万个样本的数据，把个人的学习行为数据与别人进行关联比较后，就能定制个人学习路径，修订在线课程学习内容。

3.人工智能推动互动教学新模式

随着人工智能技术手段的研究和发展，在教育领域将逐步实现"AIinall"的互动教学新模式。

虚拟实景的自主实践式学习，将成为未来学习方式的主流。人工智能能够根据每个孩子的性格、兴趣、学习力、接受程度等多个评价指标，创设针对每个孩子易于接受和掌握的学习内容，创造更多元化、更丰富的学习方式和手段。

比如，目前教育者只能通过测试的手段来获知学生对知识点的掌握情况，在教学过程中，学生对知识信息的认知程度和思考状态很难直接被了解和观察。未来，人工智能可以帮助老师来解决这一难题。脑机交互的可穿戴智能设备可以实时监测学生的脑电波数据，通过脑电波动态数据采集分析，对学生在学习过程中进行情绪识别、疲劳度识别，分析判断学生在学习过程中的精神状态、思维活跃度和学习专注力。当学习者被监测到脑电波数据显示疲劳、压力等对知识接受存在困难的生理数据，教学者可以采用多维度的智能手段来调节学习者的身心状态，以到达有松有弛的高效教学状态。

作为最关注教育成果的家长，未来在人工智能的帮助下，家长会慢慢从教育的监管者转变为孩子的"同学"，各种具有人工智能的智能家居设备能在家庭教育中创造共同学习的环境，帮助家长更好地了解孩子面对不同技能的接受度，指导孩子共同创建知识体系，将共同创造的生活智慧可视化、形象化。

此外，图像识别、语音识别、人机交互等人工智能应用技术在教育领域都大有可为。个性化学习、智能学习反馈、机器人远程支教等人工智能的教育应用也被看好。将人工智能在教育手段上进行科学合理应用，能更有效地帮助我们面向未来培养具有综合素质的创新型人才。

 相关链接

5G、AI赋能教育

长期以来，"互联网+教育"的大潮一直浩浩荡荡，K12、素质教育、职业教育等热点轮番上阵。5G赋予了教育行业更多的想象，将进一步推动"AI+教育"的智慧教育时代到来。目前，AI技术已经在组卷与批改、评测与智适应、搜题与排课、AI教学与陪练等场景里初展身手，5G技术加持则让人工智能应用场景再次深化，AI教室、AI教师等也相继出现。

2018年8月，今日头条孵化的少儿英语App "aiKID"上线，便采用了AI直播的模式。随后，AI老师一对一少儿英语项目"熊猫加加"、AI直播课堂"葡萄智学"等相继上线。在5G技术支持下，他们试图通过大量的授课视频素材、视觉识别、语音识别技术来判断学生上课的真实状态，从而进行精准教学，帮助学生获取满足个人需求的课程。

2019年3月，华为云与网易有道一起发布了DarwinPro智慧教育系统，共同推进

"AI+教育"领域解决方案落地，联手共进5G引爆的新纪元。此次发布的DarwinPro智慧教育系统，基于有道在人工智能自然语言处理领域的强大AI技术实力和数据优势，加之华为云创新赋能，以"大带宽、大连接、低时延、高可靠"为特征的5G技术，将之转化成更优质的云上算力。最终，为产业用户提供更智能、更迅速、体验感更好的定制化解决方案，更可能实现良性迭代与自循环。

AI和教育结合后会产生很多的目标，最基本的目标有自动化教育的过程，数字化教育的内容，以及智能化教育的方式。

2020年3月，大疆创新正式发布了新一代教育机器人RoboMaster EP，作为大疆的第二款教育机器人，在前代RoboMaster S1的基础上，RoboMaster EP加入了大疆自研的舵机、机械臂、机械爪等模块，并且兼容众多第三方硬件、支持更多软件平台、开放大疆官方SDK。RoboMaster EP教育拓展套装，其配套的教具、课程、教材将为专业教育机构与教师提供完整的机器人教育服务。

作为面向未来的IT形式，5G与人工智能重新定义了科技创新与企业发展的基础动力，基于此，数字化、信息化、智能化的高校教育教学意义和价值日益凸显，同时也极大地改变着教育的形态，不断驱动高校教育政策科学化、驱动高校教育评价体系重构、推动区域教育均衡发展、助推高校教育质量提升以及促进师生个性化发展。

另外，5G、AI赋能教育还带来了另一大机遇，即"互联网+教育"在保障贫困地区儿童受教育机会，推动贫困地区共享优质教育资源中发挥着重要作用。

比如，正在快速推进的中国移动"5G+人工智能+教育"信息化建设。大力推广"5G人工智能双师课堂"，通过"5G+高清摄像头+人工智能"模块与教育场景深度融合，实现优质校与偏远校"同上一堂课"，很好地解决了贫困地区孩子"上不了学""上不好学"的难题。

此外，中国移动积极整合自身在基础通信、5G和人工智能等领域的优势，与教育部、北师大共同打造互联网教育智能技术及应用国家工程实验室和"教育部－中国移动"移动学习联合实验室，助力建设宁夏"互联网+教育"示范区，目前已经形成完整的智慧教育解决方案。

四、大数据驱动在线教育革新

面向在线教育领域的大数据应用通过在学习者数据库中挖掘有价值的、有效的数据信息，经过分析和整理，得出学习者的学习习惯和行为逻辑，并根据以上结论制订合理的在线教育计划。可以说，大数据的应用为在线教育带来了革命性的变化。具体如图6-20所示。

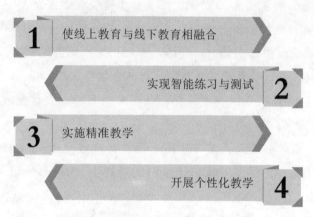

图6-20　大数据在线教育领域内的应用

1.使线上教育与线下教育相融合

在线教育的发展极为迅速，在一定程度上对线下教育产生了一定的冲击，与此同时也凸显出了在线教育的不足之处。线下教育可为学习者提供面对面的教育服务，而在线教育无法实现这一点。同时，线上教育与线下教育的脱节也是影响学习者进行在线学习的一个关键原因。

未来的教育模式必定是线上和线下相融合，大数据则在其中扮演着重要的纽带作用，使学习者的学习过程变得可视化，根据学习者在线上教育的学习过程中所产生的数据，对其学习习惯和行为导向进行分析和整合，方便教育者了解学习者的学习兴趣和倾向，为学习者制订更为完善的学习计划；同时，线下教育可以准确了解学习者的学习动态，为学习者推送适宜的学习内容。

小看点

> 应用大数据对线上线下的教育数据的规律进行分析和整理，就可以实现线上线下教育的完美结合，提高学习者的学习效率和质量。

2.实现智能练习与测试

在线上或线下的教育当中，练习和测试是至关重要的强化和巩固知识的手段。面向在线教育领域的大数据应用可以根据学生的实际情况将练习和测试做到最个性、最智能和最细致。

比如，依据学生历次练习和测试的结果，大数据可以从题库中挑选程度适中又形式丰富的题目供学生练习。学生既可以通过完成这样的习题或测试检验自己的学习成果，又可以借此发现问题，不仅不会因为题目难度过小而丧失学习兴趣，也不会因为题目难度过大失去自信心。

在这个基础上，大数据可以设置周期性提升的练习与测试。也就是根据学生学习、记忆等的特点与规律重点强化易出错或易失误的知识点，使练习与测试更加以人为本，实现学习成效强化与巩固效果的最大化。

3.实施精准教学

相较于教师根据自身对于课程的理解程度和授课经验来进行备课的传统教学手段，在线教育可以让教师根据学习者具体的学习情况和反馈进行针对性的备课。利用大数据，教师可以在海量的数据中快速地获取学习者学习的有价值数据，通过统计、分析和挖掘学生的行为数据，从中发现学习者的学习难点和教师的教学弱点，根据学习者的实际情况，针对学生的短板知识进行准确的干预和调整。

面向在线教育领域的大数据应用可以实现在线教育的精准教学，通过对数据的精准挖掘，对学习者的精确定位和精确预测，帮助教师提高教学水平，为学习者制定更有针对性和个性化的教学指导，进而使学习者掌握知识的水平有所提高，使师生之间形成良好的学术氛围。具体如图6-21所示。

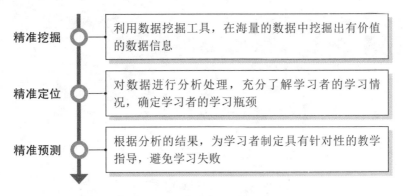

图6-21　精准教学的实施过程

4.开展个性化教学

个性化教育的前提在于识别和发现学习者的个性，构建个性化教育环境为其个性化发展提供支撑。在传统数据时代，由于缺乏获取和分析信息的手段与方法，数据是在周期性、阶段性的评估中获得，凸显的是群体水平，诠释的是宏观教育状况，缺乏对学习者的特点和个性差异的了解，无法为其提供支持性学习服务。在大数据时代，教育过程中的一切行为都可以转化为教育大数据，数据的产生完全是过程性的，有能力去关注每一个个体学生的微观表现，是高度个性化表现特征的体现。与传统数据相比，教育大数据具备数据量大、产生速度快、数据多样的特点，这些特点正好适应了个性化和人性化的学习变化。

通过对教育大数据的采集、处理和分析，可以构建学习者学习行为相关模型，分析学习者已有学习行为，并对学习者的未来学习趋势进行科学预测，为学生的自我学习监控、教师的教学决策和教育机构的教育决策提供更精细化的服务。

大数据帮助学习者发现并开发他们的潜力，提升学业表现。学习者可以掌握学习的主动权，自主规划学习计划，随时随地监督学习进度，检查学习效果，根据自身需求，决定个性化的学习参与路径，选择和定制个性化的学习内容。

大数据帮助教师确定最有效的教学方式，优化教学过程。教师可以全面跟踪和掌握学生特点、学习行为、学习过程，分析评估每个学生的学习需求、学习风格、学习态度及学习模式，相应地提供适合不同学生发展的学习内容和学习指导，促进其个性发展。

小看点

在大数据时代能够以更为便捷、更为低价的形式，最大限度地实现个性化的解决方案，这才是在线教育真正超越现实课堂的核心竞争力。

第七章

通证经济

阅读指引

通证打开了进入区块链新世界的大门，区块链是新世界的后台技术，而通证是新世界的前台经济形态，两者完全独立，但是当通证与区块链结合的时候，它能够产生一种突破边界的能力，能够促进生产关系的重构，有利于数字经济的发展。

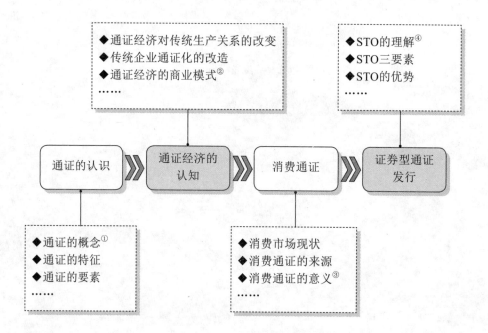

图示说明如下。

① 通证（Token），是以数字形式存在的权益凭证，它代表的是一种权利，一种固有和内在的价值。

② 通证商业模式是一种利益共享的商业模式。通证商业模式不仅关注平台的利益，同时还关注平台生态参与者：生产者、消费者、投资者、传播者的共同利益。

③ 相对而言，消费通证比消费券或者消费积分，更有信用和价值。同时，由于区块链的特性，可以让消费者的消费行为与消费通证挂钩，并形成与消费者的消费行为相匹配的通证奖励，消费者通过消费行为的转化，可以获得消费加通证权益的双重利益。

④ STO，全称为Security Token Offer，即证券型通证发行，其目标是在合法合规的监管框架下进行具有传统证券性质的通证发行。

第一节　通证的认知

区块链解决陌生人的信任问题，通证经济促进了区块链的繁荣，大数据挖掘区块链上的数据价值。三者结合会开启新的数字经济时代。

一、通证的概念

通证（Token），是以数字形式存在的权益凭证，它代表的是一种权利，一种固有和内在的价值。通证可以代表一切可以数字化的权益证明，从身份证到学历文凭，从货币到票据，从钥匙、门票到积分、卡券，从股票到债券、账目、所有权、资格、证明等人类社会全部权益证明，都可以用通证来代表。如图7-1所示。

图7-1　通证可以代表的数字化权益证明

二、通证的特征

通证是指可流通的加密数字权益凭证，是基于社群共识，以数字形式存在的权益凭证。其特征如图7-2所示。

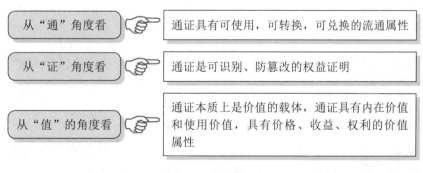

图7-2　通证的特征

比如，A先生现在要出卖自己的劳动时间，他标价自己工作一天需要100元人民币，这时候A先生工作一天＝100元人民币，这时人民币就相当于通证。同时A先生也可以说自己工作一天只需要一套西装，这时一套西装相当于通证。

三、通证的要素

在区块链发行的通证，必须要具备如图7-3所示的要素。

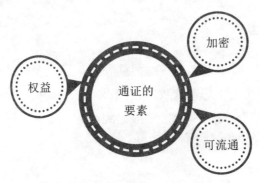

图7-3 通证的要素

1.权益

通证是各种可以用数字化的形式存在的权益凭证。它代表一种权益或内在的价值，属于系统性的权益。通证可能代表一个实物商品权益，也可能代表没有实体形态的版权和股权，甚至是企业背书的信用或者积分。身份证、学历文凭、票据等人类全部权益证明都可以用通证来代替。

小看点

任何人、任何组织机构都可以基于自己的资源和服务能力发行权益证明。

2.加密

每一个通证都可以识别，但不能篡改。每一个通证都是基于密码学保护的权益。密码学为通证提供真实性、可信性、隐私性、安全性。如图7-4所示。

3.可流通

通证必须能够在网络系统中流动交易。首先可以在通证经济系统中内部流通交易；然后还可以在交易市场场内交易和场外交易，随时随地可以验证，从而实现权益凭证的转让、兑换和交易。如图7-5所示。

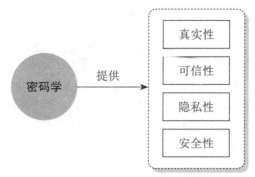

图7-4 密码学可为通证提供的性能

图7-5 通证的可流通性

四、通证的分类

2018年7月，奥黛丽·奈斯比（Audrey Nesbitt）将通证分为两大类、四小类，这是易于在实际项目的通证模型设计中使用的一种分类。其中，两大类之间要进行相对严格的区分，但小类间不必进行明确的区分，她的分类如图7-6所示。

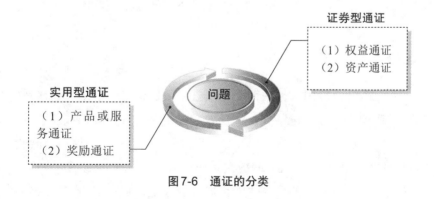

图7-6 通证的分类

1.产品或服务通证（User of Product）

项目方可以针对产品或者服务来发行实用型通证。一般来说，这类通证发行活动某种程度上类似于产品或服务预售。一旦项目完成，通证持有人可以使用自己的通证购买产品或服务。

产品和服务通证是企业针对平台提供的产品或服务而发行的通证，一般代表企业某种产品或服务的使用权。如从消费的角度来说，产品和服务通证也类似于消费通证，但又有所区别。

2. 奖励通证（Reward Token）

奖励通证是用户通过自己的行为而获得的奖励。奖励通证是企业项目平台根据用户的参与度和贡献值，平台给用户奖励的通证。

比如，客户通过网络分享企业的项目和声誉的行为，可以获得奖励通证回报。

3. 权益通证（Equity Token）

权益通证是一种类证券化的权益证明，它代表一种未来的收益或权益，甚至是实质的所有权。权益类通证一般是产品使用或经营的受益权和行为、贡献的收益权。

比如，合伙人的工作量或股份等。

创业公司和普通投资者，可以通过发行权益通证募集资金，以较低的门槛，实现进入资本和金融市场的梦想。

4. 资产通证（Asset Token）

资产通证是指用密码学方法表示的权益，对应于实体世界中的资产，是实物资产的影射。

比如：实物、不动产、黄金、股权、房产、知识产权等。

资产通证本身有明显的内在价值，具有良好全球流动性。通证持有人可以获得分红、股权、利息或者通证升值收益。

五、通证与区块链的关系

通证是区块链的特色应用，区块链是底层技术，通证是经济形态。区块链是去中心技术，适用于加密的去中心化电子凭证；还非常适用于发行、登记和流转的通证，实现价值的转移。区块链通过智能合约，可以为通证赋予各种丰富的、动态的商业用途。

具体来说，区块链和通证两者之间的关系如图7-7所示。

通证和区块链是可以分离的，区块链可以没有通证，但通证没有区块链，资产和交易无法确权，激励效果也无法体现，区块链的核心优势将无法充分发挥。而区块链利用了密码学技术，保障了通证的真实性和可靠性，为通证提供了安全的信任基础。没有区块链的保障，通证是无法获得全球信任的，区块链项目无法运行。

1	理论上区块链可以利用密码学为"通证"提供可靠的安全性。因为区块链是个天然的密码学基础设施
2	区块链是一个交易和流转的基础设施。能够为"通证"提供高流动性的环境，能够快速交易和快速流转
3	区块链是去中心化的。这有助于改善人为篡改交易记录、阻滞流通、影响价格、破坏信任等问题
4	区块链技术适合于加密的去中心化电子凭证，还非常适用于发行、登记和流转"通证"，实现价值转移，区块链通过智能合约，以及赋予通证丰富的、动态的用途和价值
5	"通证"是建立在区块链的激励层之上的，通证激励使得人类大规模地进行组织和协作变得可能

图7-7 区块链和通证两者之间的关系

此外，通证必须锚定权益，没有锚定权益的区块链"凭证"，尽管有密码学保护，但它不属于通证。因此，发展通证和区块链技术，两者之间需要紧密结合，相辅相成。

第二节 通证经济的认知

通证经济（Token Economy）是应用通证创造的一个新商业生态经济，是经济不断向前发展的产物。在这个经济体中，一些重要的价值、权益都被通证化，借助于区块链或者可信的中心化系统使这个体系得以运行，把数字管理发挥到极致。

一、通证经济对传统生产关系的改变

通证经济是以通证为载体，将价值及权益通证化，利用区块链技术或者可信的中心化系统让生产要素进入流通环节，通过自有市场让资源配置更加合理，是新一代的互联网数据经济。

从功能上来说，通证是智能合约交易中进行支付转账的工具。通证经济阐述了通证、商品和价格之间的关系，也阐述了生产力与生产关系的发展新关系。从个体生产、私有制、公有制、员工持股的股份制，发展到通证经济，生产力发展导致了生产关系的变革。

区块链的本质是基于密码学的一个新的技术体系，核心价值是解决"信任"问题，属于生产力范畴；而通证重构了利益"分配"关系，属于生产关系的范畴。

　　过去的生产关系，商品的权益是可以确权的，但是，企业的权益和消费者的权益则难以确权。引入通证后，企业研发、生产、销售、加盟、众筹、积分等共享经济领域，都可以实现通证化。通证化就是把实体资产和权益的数字化，赋予数字化权利。

　　通证经济的到来，意味着生产关系与经济结构将发生改变，分布式的商业社区将代替传统的公司。分布式的网络结构让参与者获得同等的权利和义务，依赖的是共识协作而不是指令；通证成为一个重要的激励手段，利益分配如图7-8所示。

共享　　分享　　他享

图7-8　通证成为激励手段后的利益分配形式

　　通证经济的组织形式是分布式的商业社区，通常是"平台权益+分布式商业社群生态"模式。通过共识机制，制定好可量化的分配和激励的制度。用户或消费者实行社群化自治，平台根据参与者创造的价值和贡献，发放激励通证。通证化的组织形式真正实现了有钱出钱，有力出力。参与者对社区只要做出一点点的贡献，都会获得权益凭证。

小看点

　　通证经济，改变了传统的生产关系，颠覆了传统经济中的激励和分配结构，改变了市场经济生产、流通、分配和消费的关系，让参与者成为通证生态平台的受益者或利益共同体，与平台社区共同成长，共享未来。

二、传统企业通证化的改造

　　通证经济的到来，改变旧的生产关系和经济结构。人们可以充分发挥自己的才能和创造力，人们的行为变得有价值，每个价值都能获得应有奖励。"链改"就是对传统企业进行区块链化改造，让其上链经营，成为区块链化的通证经济组织。资产上链，在区块链上生成不可篡改的可编程资产通证，实现链下资产与链上资产通证的一一映射。

　　从《企业会计准则——基本准则》的定义来说，资产就是"企业过去的交易或事项形成的，由企业拥有或者控制的，预期会给企业带来经济利益的资源"。实体企业资产或资源上链，将彻底颠覆传统经济中组织激励和分配结构，改变市场经济的生产流通分配和消费的关系，并最终实现人类资产由资产到证券再到数据通证权益化，同时，资产上链将股份制权益替换为通证融资，是一种创新的融资方式，解决了中小企业发展融资难的问题。

通证经济最大的价值不是纯"币"的金融游戏，也不是纯"链"的技术研发。通证经济的最大价值是立足于为实体经济服务，创造了产业、链和通证的三重价值。通证经济价值的综合体现如图7-9所示。

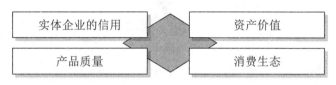

图7-9　通证经济价值的综合体现

通证经济重构产业链价值分配体系，实现了资产确权、量化、流通和交易，实现了实体资产数字化目标。

小看点

　　通证经济是实体产业转型升级的动力，是实体产业做强做大的活力，是传统经济的一次重大的数字化革命。未来，通证经济+实体产业的数字化重构，将遍布全球，影响全球实体经济的变革。

三、通证经济的商业模式

无论何种商业模式，本质要以客户为中心，为客户创造价值。商业模式最关键的要素如图7-10所示。

图7-10　商业模式的关键要素

在不同时代或时期，商业模式一直都在优化和创新。

以电子商务为例，在互联网经济的时代，企业商业模式一直都在创新，从"互联网+"到流量电商、社交电商……企业商业模式一直都在变化。但是在互联网巨头垄断市场的态势下，流量成本居高不下，用户激励成本不断攀升。用户为互联网巨头创造了万亿元的巨额财富，却没有得到任何利益回报。

这种只为主体公司和少数股东创造和输送利益，不考虑用户贡献和利益的商业模式，或许已经到变革的时候了。

通证商业模式是一种利益共享的商业模式。通证商业模式不仅关注平台的利益，同时还关注如图7-11所示平台生态参与者的共同利益。

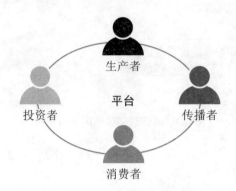

图7-11　通证商业模式关注的平台生态参与者

用户为平台创造利益，平台分享利益给用户，平台和用户是利益的共同体。用户既是消费者，也是投资者和传播者。由于平台和用户是共享共赢的关系，用户主动性和积极性有所提高，平台运营效率和商业价值也会大幅提高。这种共享、共赢的商业模式有着极大的优势。

四、通证经济商业模式框架设计

下面，笔者介绍通证商业模式设计的一些思路和关键点，如图7-12所示。

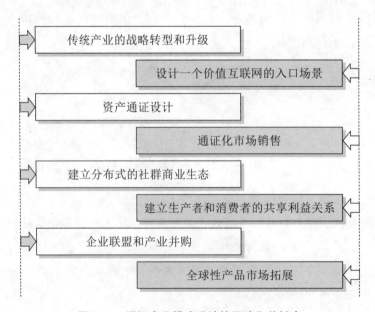

图7-12　通证商业模式设计的思路和关键点

1.传统产业的战略转型和升级

发挥中国的市场规模优势和内需潜力，深化供应侧结构性改革，构建国内国际市场双循环促进的新格局，布局战略性新兴产业、未来产业，是我国产业经济发展的方向。通证经济可促进新兴产业和未来产业的发展，构建全球性市场的大循环，符合我国产业经济发展的方向。因此，传统产业可以向通证产业转移，实现战略转型和升级。具体到不同的产业，可用通证经济重新进行战略定位和业务模式拓展。

比如，传统的大健康产业消费平台，通过对通证市场的分析，可做出简单明了的战略定位：消费创富，健康生活。

2.设计一个价值互联网的入口场景

通证市场是一个可以全球化交易的市场。通证市场需要有一个互联网平台入口，把生产者、消费者、投资者等连接起来，进行价值交换和交易。由于通证交易不但是信息传输，而且是价值传输，因此，通证交易平台入口通常是一个价值互联网的区块链平台。在这个平台，消费者、投资者、生产者都能够实现通证价值的交换。

小看点

> 如果通证要挂牌交易，通证就要上线交易所，也就是透过STO（Security Token Offering，证券型代币发行）监管交易，交易所就成为了通证交易的平台入口。

3.资产通证设计

资产通证是指用密码学表示的数字资产或权益，它对应于实体世界中的资产，是实物资产的影射。因此，企业资产通过上链，发行通证，要考虑企业资产的性质和内容。通证发行的数量和通证价值总量，要考虑图7-13所示的事项。

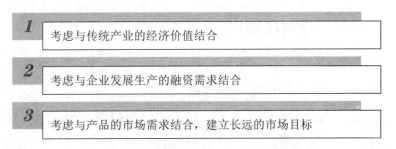

1 考虑与传统产业的经济价值结合

2 考虑与企业发展生产的融资需求结合

3 考虑与产品的市场需求结合，建立长远的市场目标

图7-13　通证发行要考虑的事项

企业发行的通证，有时并不一定对应于实体资产。在做通证模式设计的时候，要考虑如图7-14所示的事项。

事项一　考虑通证权益组合，如：资产、物权、货币、股权、使用权等权益属性的分配和组合

事项二　考虑资产数字化后，通证是否能创造价值，如：是降低成本还是扩大了市场销售。最关键的还要考虑通证发行后，是否能获得社群的认同

图 7-14　做通证模式设计应考虑的事项

通证的资产价值不同于传统产业的价差模式，它与产品的成本无关，是一种基于预期的内生价值。如资源通证价值来源于收益预期，消费通证价值来源于销售预期等。计算通证的资产价值，需要设计一个量化的通证价格指数，让用户了解通证的价格和参与流通交易。

小看点

如果实体产业进行了STO，通证价格指数就会上线交易所合法交易，通过全球化的交易，企业通证的资产价值就有可能做得很大，这将为实体产业插上金融资本的翅膀，助力企业快速腾飞。

4.通证化市场销售

通证化的市场销售，与传统的市场销售有很大的不同。因为通证是数字资产，它可对应于实体企业的资产或产品。通证化市场的推广，主要是建立社区商业生态系统。企业为了促进产品的市场销售，在通证设计时，可把某种产品设计成通证。在社区生态系统，把通证卖给了用户，并与用户分享通证权益。用户在约定的时间，随时可以提货。这样，相当于把产品提前销售给用户，为企业生产带来了预付款或周转金。而用户除了可以得到优质的产品外，还可以获得通证权益带来的收益；或者选择通证流通的升值收益。由此看出，通证化市场推广路径和业务逻辑与传统市场销售是有很大区别的。

5.建立分布式的社群商业生态

通证经济的商业逻辑与传统经济有很大的不同。传统经济的核心是产品。"商品"就是经济的重心和基础。围绕"商品"衍生出了利润、价格、货币、金融、信用等要素。在商品稀缺的时代，人是围着"商品"转的。随着商品不断增多，人不再围绕"商品"

转，反而，商品需要去"找人"。"人群"（消费者）的地位就显得尤为重要。通证经济本身就是社群共识经济，是一种未来的经济。

通证经济的运营和组织形式和传统经济有很大的不同，通证经济的组织形式是分布式的商业社区，通常是如图7-15所示的模式。

图7-15　通证经济的组织形式

传统经济经营的主要是"商品"，通证经济经营的主要是"人"。换言之，企业运营是的"社群"组织和"社群"商业生态。未来的商业模式中，企业与消费者是"成就"与"被成就"的关系，只有"成就"消费者，才能"成就"企业，这是未来商业的经营之道。因此，在通证商业模式设计中，必须考虑建立新型的商业组织关系，用"社群运营"新模式，替代传统企业旧的运营模式。

6.建立生产者和消费者的共享利益关系

在通证经济商业模式下，企业通过资产数字化，建立企业级的商业生态平台。为减少传统产业高昂的中间环节成本，平台直接建立消费者、供应商、投资者的社群关系，共享利益。平台减少了中间环节，运用智能合约进行商业活动，在社群生态中，消费者、供应商、投资者都有数字资产，从而形成利益共同体。通证经济生态平台真正实现了共享共赢的盈利模式。如图7-16所示。

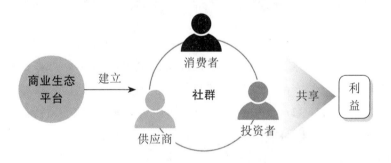

图7-16　通证经济生态平台的盈利模式

7.企业联盟和产业并购

传统经济的联盟合作，一般是两个或两个以上的企业为了达到共同的战略目标而采取的相互合作、风险共担、利益共享的联合行动。通常有股权和协议联盟两种方式，实现在某一领域或方面的合作经营，如在技术、研发、营销、资金、管理方面的合作，最终达到数据共享、流程优化、成本降低、效率提升、可信体系建设等目的。

与传统经济联盟合作有所不同，通证经济在联盟合作方面有更大的优势和好处。通证经济主要是经营社群商业生态，"人群"就是消费者，就是企业的客户。在社群商业生态中，客户的需求是企业联盟合作的出发点。企业为了满足客户不断增长的消费需求，单靠一个企业有可能满足不了这种日益增长的需求，这就需要企业之间进行联盟合作，完善产品线，提供更多符合质量要求和数量要求的产品。由于有了通证，企业可以通过通证交换达成联盟合作要求，这比传统用股权和协议的联盟更为便捷和可靠。未来的商业，企业发展到一定阶段，需要加速规模化的发展，还可以通过通证经济模式，实现快速的并购发展。因为通证是一种数字资产或权益的凭证，其表现形式具有多样性，如图7-17所示。

图7-17　通证的表现形式

通证表现形式的灵活性，为企业并购带来多种多样的并购方式和协议，使并购更易于操作和简化。特别是企业为了扩张规模，发展海外市场，涉及全球性的并购，由于区块链技术的全球"信任共识"，用通证实施交易和并购，可规避一些国与国之间的约束和制度缺陷，更容易成功。因此，不管是联盟合作还是并购，透过通证操作，均可以使企业有效地快速裂变，做强做大企业规模和估值。

8.全球性产品市场拓展

企业可以通过通证进行全球联盟和并购，快速扩大企业规模。同时，企业还可以通过通证，把产品卖到全世界。现在全球越来越多的交易所允许企业通过STO合法上市。如果中国的企业把自己的产品，通过通证化模式的设计，把企业产品对应的数字资产，通过国际化金融市场实现STO上市，相当于企业销售了通证，不但获得了融资，还可以在全球销售产品，扩大市场份额。同时，由于聚焦海外市场，企业品牌可快速地在全球市场传播，增加企业的知名度。

第三节　消费通证

消费通证带来了传统商业模式的深度变革，使流量经济从线上转移到线下实体店铺，助力实体经济产生质的飞跃。

一、消费市场现状

消费是人类通过消费品满足自身欲望的一种经济行为。消费是人类生存的基本条件，是人与生俱来的本能行为，是人类社会经济活动的重要组成部分。社会生产的目的就是为了满足人们日益增长的物质文化生活的需要，这就消除了生产和消费的对抗性矛盾。并且消费也成为推动整个社会发展的强大动力。

消费主要分为生产消费和生活消费两种，生活消费又包括物质消费和精神文化消费，如图7-18所示。

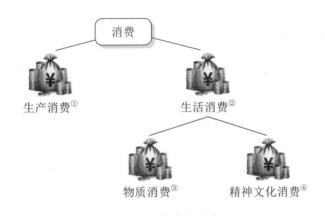

图7-18　消费的分类

图示说明如下。

① 生产消费：是指人们在劳动过程中，对劳动工具、原材料、燃料等的消耗，从而生产出新的产品。

② 生活消费：是指人类为了生存和发展，以及人类自身的繁衍，对生活资料的消耗。生活消费包括物质消费和精神文化消费。

③ 物质消费：是指衣、食、住、行、用等方面的消费。

④ 精神文化消费：是指用文化产品或服务来满足人们精神需求的一种消费，主要包括教育、文化娱乐、艺术欣赏、体育健身、旅游观光等方面的消费。

在相当长的时间里，投资、出口、消费一直是支撑我国经济发展的"三驾马车"。近年来，这"三驾马车"的速度和方向，都发生了很大变化。国家经济政策开始注重GDP的质量。而出口方面，国际市场前景不容乐观，出口受阻十分严重。因此，面对目前的困难，消费将成为拉动经济的一种方式。拉动消费成为保证社会经济增长的持久动力。如何提升消费者的消费能力，让消费者积极消费、持续消费，打破消费市场的低迷，需要一个新的经济模式和机制。

二、消费通证的来源

奥黛丽·奈斯比对通证的分类，得到了广泛的认同和传播，是目前比较流行的通证分类。但由于奥黛丽·奈斯比对通证的定义和分类是个大框架，而通证学是一门新的经济学。通证学内容繁多且复杂，需要有更多的新的定义和概念去充实和细化。

2019年，李柏思先生首先提出了"消费通证（Consumer Token）"这个新概念。并且，结合自己的实体产业，提出了一个基于消费通证的新商业模式"消费通证商业模式"。这个新商业模式，对解决中小企业融资难、销售难和品牌传播难的问题，具有很大的实用价值。

三、消费通证的意义

消费通证是用密码学的的方式表示的消费权益。消费通证是企业针对自己提供的服务或产品，借助区块链技术和平台，向投资者和消费者发出的消费凭证，代表未来产品和服务的消费权益。消费通证可以代表现实世界实体产品和服务的全部或部分消费权益。消费通证的价值与企业平台参与者的活跃度成正比，企业平台这一生态系统内，所有参与者追求的是一个互生共赢的关系。如图7-19所示。

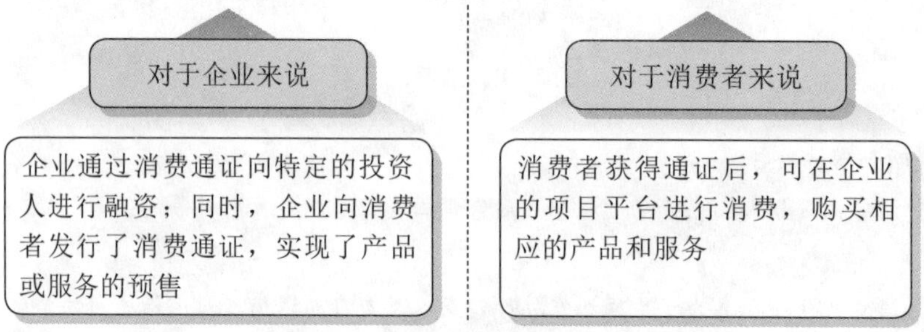

对于企业来说	对于消费者来说
企业通过消费通证向特定的投资人进行融资；同时，企业向消费者发行了消费通证，实现了产品或服务的预售	消费者获得通证后，可在企业的项目平台进行消费，购买相应的产品和服务

图7-19　消费通证表现的意义

与传统消费券或者消费积分有所不同，消费通证是在区块链平台发行的，具有数量恒定、不可篡改、去中心化的特性。相对而言，消费通证比消费券或者消费积分更有信用和价值。同时，由于区块链的特性，可以让消费者的消费行为与消费通证挂钩，并形成与消费者的消费行为相匹配的通证奖励，消费者通过消费行为的转化，可以获得消费加通证权益的双重利益。

小看点

在消费经济的大时代，引入"消费通证"概念和理论，对于促进消费经济的发展有着十分重要的意义。

四、消费通证的商业模式

消费通证这个新概念提出后，针对消费市场现状，又提出了一个全新理念的商业模式——CTM消费通证商业模式。

CTM消费通证商业模式，具有创新性和实用性，是以区块链技术、消费通证经济模型为工具，对传统消费产业的业务或产品进行通证化设计和赋能，借助区块链技术提高治理效率，进行社群构建，从而形成一种新的消费商业组织形式。以下针对CTM消费通证商业模式，做一个简要的介绍。

（1）C指消费者，Consumer的缩写，从消费的角度来说，持有消费通证的用户可在项目平台进行消费，购买产品和服务。在消费通证商业模式中，消费通证的用户，不仅仅是消费者，也是平台所有者和利益共享者。同时，也可以是项目投资者，可以获得分红权、股权和通证升值的收益。

（2）T指通证，Token的缩写，消费通证具备的三要素是权益、加密、流通。

（3）M指模式，Modle的缩写，指消费通证商业模式。

消费通证商业模式创造了一个新商业消费生态模式，建设"以消费者为中心"的消费型服务平台，并以消费通证作为核心连接工具，构建一个"消费者—零售商—代理商—生产商（优质产品）—原材料供应商"为一体的消费生态和消费通证流通体系。

小看点

> 消费通证必须锚定权益，没有锚定权益的区块链"凭证"，尽管有密码学保护，但它不属于消费通证。

消费通证商业模式，引入了消费通证创新商业经济模式，意味着传统经济的生产关系与经济结构将发生改变，分布式的商业社区将代替传统的公司。消费通证平台打造一个全新的价值通证经济生态，是利益共享、分享、他享的共生平台。

消费通证是企业组织和发展经济的重要激励手段。消费通证平台奖励所有产业的参与者和贡献者，赋能实体产业"品牌—分销—零售—消费者"的各个环节。在通证经济组织形态中，消费通证化的用户，不仅仅是消费者，同时也是平台所有者和利益共享者。同时，也可以是项目的投资者，可以获得分红权、股权和享受通证升值的收益。持有消费通证的用户可在项目平台进行消费，购买产品和服务。

这种激励机制，解放了"老板"，让员工、消费者、上下游，甚至是对手，都变成平台生态的共同建设者和维护者，极大地调动了参与者的积极性和创造力。在消费通证的生态圈，消费通证持有者的数量越多，消费通证的价格就可能越高；消费通证的经济规模越大，消费产业价值就可能越大。消费通证模式，要有应用"场景"，才会有真正的价值。场景在先，应用在后。消费通证赋能实体，不是玩"金融游戏"，而是立足于为消费产业的"场景"服务，把实体消费资产数字化，实现消费资产确权、量化、流通和交易，为消费产业转型升级提供动力和活力。

消费通证模式重构消费经济新模式，作为数字资产的消费通证，涉及的应用场景已涵盖社会生活各个方面。从产品生产到生活服务，应有尽有。消费者在消费的同时，享受消费通证交易市场中实现的财富增值。伴随着消费通证平台的成长，改变着人们的消费方式。从而促进消费产业链的不断完善，拉动消费需求，形成"消费与产业"共赢的局面，促进消费经济的繁荣和发展。

消费通证商业模式，消费产业上链，可突破行业的"信息孤岛"，消费产品变得可信任和可溯源，保障商业流通可靠性。通过消费通证和数字支付手段，交易变得更加公平和透明。同时，消费通证改变了传统经济中组织激励和分配方式，改变了市场经济的生产流通分配和消费的关系。消费者已经不再是单纯的消费者，消费者凝聚在企业周围，与企业实现"共赢"的关系。消费者不但可以享受企业的优质产品和服务，而且，还可以享受消费通证带来的升值收益。消费通证商业模式最终将使人类资产由资产向证券化再到数权化的方向发展，通过消费通证，将股份制权益替换为消费通证的权益。最后，可以把消费通证上线到合规的STO交易所交易，让消费者享受二级市场升值带来的更大收益。消费通证上线合规交易所交易，相当于为实体企业插上了金融资本的翅膀，进一步使实体企业做大做强，实现传统经济数字化的变革。如图7-20所示。

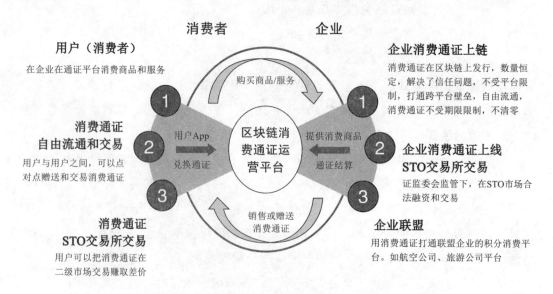

图7-20　消费通证商业模式

第四节　证券型通证发行

STO 是一种以通证为载体的证券发行，运用了区块链技术，有真实资产作为发行支撑和背书；有合法体系（如美国 SEC）监管，STO 的通证发行具有合法、规范化的特性，是符合监管要求的新型融资方式。

一、STO 的理解

STO 的全称是 Security Token Offering，即证券通证化发行，指在确定的监管框架下，以符合法律法规的方式公开发行通证。

2018 年 9 月 11 日，一位名叫 Stephane 的以太坊开发者，公布了一项新提案"ERC1400"。这位技术人员设计了一套通用接口，将 Token 的互换性与证券业务场景结合起来以方便用户以合法合规方式在以太坊网络发行证券。

它最大的特点是一定要与现实中的某种金融资产或权益，如公司股权、债权、黄金、房地产投资信托、区块链系统的分红权等对应起来。

STO 是一种介于 ICO 和 IPO 之间的发行方式，三者的简单对比如表 7-1 所示。

表 7-1　STO 与 ICO、IPO 之间的对比

	IPO	ICO	STO
监管	强	弱	中等
底层资产	股权、风险低	使用权、风险极高	收益权、风险中等
发行难度	高	低	中等
交易的便利性和安全性	便利性差 安全性高	便利性非常高 安全性非常差	便利性高 安全性中等
投资门槛	高	极低	中等

STO 与 ICO 最大的不同之处就在于它要在监管的掌控之下的，凡事都要符合法规。其目标是在一个合法合规的监管框架下，进行通证的公开发行。

在此，为了更好地理解 STO，我们需要先知道什么是：IPO 和 ICO。

IPO，Initial Public Offering 的缩写，即首次公开募股发行，是指一家股份制公司或企业第一次将它的股份向公众发行的行为。目前，公司进行上市融资，就要进行 IPO。IPO 有完整的法律规范，其历史最早可以追溯到 16 世纪的大航海时期。

ICO，Initial Coin Offering的缩写，是一种为区块链项目筹措资金的方式，早期参与者可以从中获得初始产生的加密数字货币作为回报。由于私募到的代币具有市场价值，可以兑换成法币，从而支持项目的开发成本。

相比于IPO的复杂烦琐和ICO的鱼龙混杂，STO积极配合监管部门的监管，使融资更加透明和容易被投资人信任。

很遗憾的是，目前STO在大多数国家都不具有合规性。截至目前，没有一个国家放宽有关发行证券类代币的证券法。

 **相关链接**

IPO与STO的比较

1.监管

IPO：企业上市要求达到的条件很高，上市流程相对复杂，审核时间长，费用高。

STO：企业利用区块链技术项目融资，受当地监管部门的监管，上市流程相对简单，费用较低。

2.资产

IPO：投资人通过认购企业发行的拟上市主体的股份，获得的权益是其持有的上市公司股权。该权益可以在解禁期届满后，通过证券交易所在公开市场进行交易和出售。

STO：应用领域非常广泛，STO可以用现实的股权、房地产、投资基金、黄金、作品以及无形资产等作为价值背书。

3.发行难度

IPO：一直处于各国监管部门的强监管态度之下，发行人需要花费数年甚至更长时间的准备，经过各中介机构的支持（包括券商的辅导、律师的辅助合规），递交材料后，还要接受监管部门的审查和各种提问。同时，严格的信息披露的要求将贯穿筹备上市以及上市后阶段。

STO：STO因承认其具有证券性的特征，接受各国证券监管机构的监管。STO依然基于底层区块链技术，但能通过技术层面上的更新，实现与监管口径的对接。另一方面，相对于复杂耗时的IPO进程，STO的底层区块链技术可以实现更高效便捷的发行。

4.交易的便利性

IPO：交易必须在交易规定的交易时间内进行。

STO：交易流程简便、快捷、自动合规和标准化，可以实现24小时不间断的交易。

5.投资门槛

IPO：在传统交易中，很多资产难以实现转移或细分。因此买卖双方需要通过复杂的合同协议或者权证的方式来进行约定和确认。另外，某些国家和地区的证券市场，对部分证券类产品发行时的投资人和认购人有着一定的资格限制，比如"合格投资人"等类似概念，一般会对投资人的收入、经济状况有一定的限制（当然，这也是出于保护投资人的考虑）。但这或多或少会限制发行人的融资范围。因此，事实上，能够成功实现IPO的企业相对较少。

STO：当这些资产通证化了以后，理论上而言，任何资产，无论其流动性强弱、可分割度高低，潜在市场大小，均可以被调动起来。技术上也能够做到将这些资产分割，以支持更广泛的群体来参与投资和交易。从投资者角度来说，由于STO需要一定程度符合监管的要求，因此具有一定的投资者门槛。

二、STO三要素

STO三要素如图7-21所示。

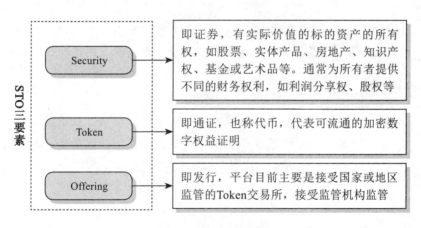

图7-21　STO三要素

三、STO的优势

STO的优势体现在如图7-22所示的5个方面。

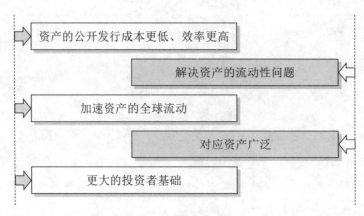

图 7-22　STO 的优势

1.资产的公开发行成本更低、效率更高

证券通证发行可以用来标记许多资产、商品和金融工具。意味着规模较小的公司有机会迅速从全球投资者中募集资金，还不用承担巨额成本，尤其是法律费用。由于分布式记账技术和新增的具有监管功能的通用技术得以最大限度地简化，从而降低交易成本。

2.解决资产的流动性问题

由于发行 STO 的门槛降低，使得大量资产可以在资本市场登陆和交易，从而增加了资产变现流通的渠道。代币的无限切割使得资产的购买门槛越来越低，普通大众也可以参与投资。

比如，一栋大楼，原价值 1000 万人民币，只有极少数人才能买得起；如果将大楼分割成 100 万份 Token 后，则普通大众也可以参与投资，大楼资产的流动性极大地提高了。

3.加速资产的全球流动

任何用户都可以在任何时间和任何地域以任何规模的资金，投资他认为具有价值的证券型通证产品，这就增加了优质资产的全球流动性，未来，优质资产可以通证的形式像液体一样流通到任何有价值或需要它的地方。

4.对应资产广泛

STO 的可应用领域非常广泛，将大大突破传统意义上对权利分割和归属的确认。知识产权、股权、房地产所有权、房地产投资基金、贵金属、美术作品及音乐版权等传统资产都可以用来做 STO。

5.更大的投资者基础

当资产所有者可以向任何连接到互联网的人提供交易时，潜在的投资者群体将大幅增加。相比于那些仅被美国认可的投资人和机构，资产所有者会更愿意向世界范围的潜在投资者展示投资机会。更多的选择会带来更健康的竞争环境，且对金融市场来说会是一个长期的利好。

四、构建STO的一般指南

为降低监管风险，发行人应确保遵守其潜在投资者所在司法管辖区的证券法。在进行STO之前，发行人必须首先确定他们的投资者所在的位置，该司法管辖区预计募集资金总额以及预计投资者人数，利润分配机制以及该实体的融资模式。

如果潜在的投资者分散在全球范围内，那么进行类似于每个司法管辖区的首次公开招股的STO极可能比较昂贵。因此，构建STO最可行的方法是利用上面列出的豁免进行法律合规。

虽然不同的司法管辖区在豁免的确切标准上有所不同，但最常见的是对合格投资者的非公开募集。

五、中国STO监管概况

中国一直以来对金融体系的管控就非常严格。如果是单纯想"发币"和"炒币"的项目、不是为实体产业服务和创新发展的项目，没有国家层面的政策支持的项目，都没有必要进行STO。但国家政策鼓励区块链技术与实体产业结合进行创新发展。

STO是区块链技术和资产证券化的产物，市场需求很大，世界各国争相进入。中国作为经济和金融大国，未来应该不会缺席。但由于中国目前尚未有STO的相关政策，故暂不做详细探讨。

第八章

金融科技

阅读指引

　　数字化转型本质上是金融科技驱动下的业务转型，通过前沿技术推动业务、技术和商业模式的创新和重塑。金融科技浪潮将助推金融服务业转型，金融服务业应把握数字经济大趋势，依托互联网、云计算、人工智能、大数据分析、区块链（分布式技术和安全技术）等先进技术，通过金融科技的先进知识和手段，升级传统业务模式，推广线上支付系统，满足客户新型消费体验和方式。

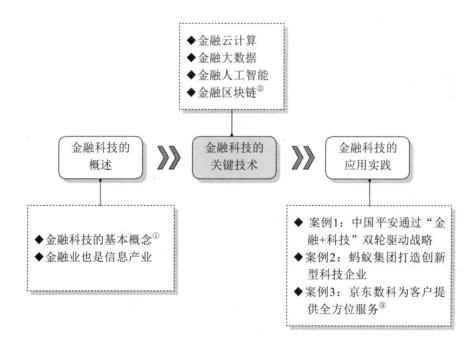

图示说明如下。

　　① 根据国际权威机构金融稳定理事会（FSB）的定义，金融科技是指技术带来的金融创新，它能创造新的模式、业务、流程与产品，既可以包括前端产业也包含后台技术。

　　② 区块链推动了"去中心化"的模式重构，提高交易处理效率，增强安全性，不过目前区块链技术的应用还处在探索扩展阶段。

　　③ 京东数科是一家全球领先的数字科技公司，致力于为金融机构、商户与企业、政府及其他客户提供全方位数字化解决方案。公司以大数据、人工智能、云计算、区块链等新一代信息技术为基础，为客户提供"科技（Technology）+产业（Industry）+生态（Ecosystem）"的全方位服务，打造产业数字化"联结（TIE）"模式。

第一节　金融科技的概述

金融科技强调的是金融和科技的结合，落脚点在科技，以互联网、云计算、人工智能、大数据分析、区块链（分布式技术和安全技术）等底层关键技术在金融领域的应用日益深化。

一、金融科技的基本概念

金融科技（Financial Technology，缩写为Fintech），主要是指通过利用各类科技手段创新传统金融行业所提供的产品和服务，服务金融、提升金融效率和控制金融风险，全面应用于支付清算、借贷融资、财富管理、零售银行、保险、交易结算六大金融领域，是金融业未来的主流趋势。根据国际权威机构金融稳定理事会（FSB）的定义，金融科技是指技术带来的金融创新，它能创造新的模式、业务、流程与产品，既可以包括前端产业也包含后台技术。

从用户的角度来看，金融科技既非金融，也非科技，甚至也不是似是而非的金融与科技的融合，金融科技应当是一种解决方案，集科技、客户洞察、金融场景、产品运营等于一体，帮助金融机构适应用户金融消费习惯的新变化。

二、金融业也是信息产业

随着数字科技的发展，金融与现代信息技术正全面深度融合，金融业本质上就是信息产业。"建设国际金融中心，首先应该是金融科技中心"，也越来越成为一种共识。

金融业是一个高度依赖数据和信息的行业，在金融科技时代，数据和信息的重要性更胜往昔。金融业把信息处理看作是一种手段、工具，是一种科技对金融的支持，同时金融业在很大程度上依赖于信息产业（IT）的发展，并且IT界有人认为金融业就是信息产业。

第二节　金融科技的关键技术

国家对于金融科技应用的监管政策不断深化和完善，监管要求更加细致和严格。但整体而言，国家政策依然持续鼓励金融科技在合法合规条件下的创新发展和应用，如在

《金融科技发展规划(2019 ～ 2021年)》明确提出未来三年金融科技工作的指导思想、基本原则、发展目标、重点任务和保障措施，并指出"金融科技是技术驱动的金融创新"。

随着云计算、大数据、人工智能、区块链、生物识别技术、量子技术、5G应用等新兴技术的快速发展，金融科技应用具备了充分的技术基础条件。如图8-1所示。

图8-1　新兴技术赋能金融行业

一、金融云计算

金融云计算指利用云计算模型构成原理，将各金融机构及相关机构的数据中心互联互通，构成云网络，以提高金融机构迅速发现并解决问题的能力，提升整体工作效率，改善流程，降低运营成本，为客户提供更便捷的金融服务和金融信息服务。

中国人民银行正式发布了《云计算技术金融应用规范技术架构》（JR/T 0166—2018）、《云计算技术金融应用规范安全技术要求》（JR/T 0167—2018）、《云计算技术金融应用规范容灾》（JR/T 0168—2018）三项金融行业标准。

《云计算技术金融应用规范技术架构》规定了金融领域云计算平台的技术架构要求，涵盖云计算的服务类别、部署模式、参与方、架构特性和架构体系等内容；《云计算技术金融应用规范安全技术要求》规定了金融领域云计算技术应用的安全技术要求，涵盖基础硬件安全、资源抽象与控制安全、应用安全、数据安全、安全管理功能、安全技术管理要求、可选组件安全等内容；《云计算技术金融应用规范容灾》规定了金融领域云计算平台的容灾要求，包括云计算平台容灾能力分级、灾难恢复预案与演练、组织管理、监控管理、监督管理等内容。此三项标准适用于金融领域的云服务提供者、云服务使用者、云服务合作者等。

二、金融大数据

大数据是金融行业的基础资源，基于大数据的计算分析是目前金融服务开展的核心能力支撑。大数据能够提供数据集成、数据存储、数据计算、数据管理和数据分析等功能，具备随着数据规模扩大进行横向扩展的能力。从功能角度，大数据技术主要分为数据接入、数据存储、数据计算、数据分析四层，以及资源管理功能，而金融机构的业务要求大数据平台具有实时计算的能力。目前，金融机构最常使用的大数据应用场景包括：智慧营销、实时风控、交易预警和反欺诈等业务都需要实时计算的支撑。

大数据技术的应用提升了金融行业的资源配置效率，有效促进了金融业务的创新发展。在提升决策效率、强化数据资产管理能力、促进产品创新和服务升级、增强风控管理能力等方面已经展现了其应用价值，并且在客服、风控、反欺诈、营销等业务场景中都已得到广泛应用。

三、金融人工智能

人工智能能够有效提升金融智能化水平，降低服务成本，应用于客户服务和智能投顾等方面，助力普惠金融。

人工智能使用机器代替人类实现认知、识别、分析、决策等功能，它在金融领域应用主要包括五个关键技术：机器学习、生物识别、自然语言处理、语音技术及知识图谱。金融行业沉淀了大量的金融数据，主要涉及金融交易、个人信息、市场行情、风险控制、投资顾问等多个方面，其海量数据能够有效支撑机器学习，不断完善机器的认知能力，尤其在金融交易与风险管理这类复杂数据的处理方面，人工智能的应用将大幅降低人力成本，通过对大数据进行筛选分析，帮助人们更高效地决策，提升金融风控及业务处理能力。

人工智能在金融科技中的应用进一步提升了金融行业的数据处理能力与效率，推动金融服务模式趋向主动化、个性化、智能化，同时有助于提升金融风险控制效能、助推普惠金融服务发展。目前，人工智能技术在金融领域应用的范围主要集中在智能客服、智能投顾、智能风控、智能投研、智能营销等方面。

四、金融区块链

区块链是一种基于比特币的底层技术，本质其实就是一个去中心化的信任机制。通过在分布式节点共享来集体维护一个可持续生长的数据库，实现信息的安全性和准确性。应用此技术可以解决交易中的信任和安全问题，区块链技术成为了金融业未来升级的一个可选的方向，通过区块链，交易双方可在无需借助第三方信用中介的条件下开展经济活动，从而降低资产能够在全球范围内转移的成本。区块链推动了"去中心化"的模式重构，提高交易处理效率，增强安全性，不过目前区块链技术的应用还处在探索扩展阶段。

相关链接 <

《区块链技术金融应用评估规则》

2020年7月10日，中国人民银行正式发布《区块链技术金融应用评估规则》（JR/T 0193—2020）金融行业标准。标准规定了区块链技术在金融领域应用的实现要求、评估方法、判定准则等，适用于金融机构开展区块链技术金融应用的产品设计、软件开发、系统评估。

本标准从基本要求、性能、安全性等方面为区块链技术金融应用提供客观、公正、可实施的评估规则，保障区块链金融设施与应用的安全稳定运行，促进区块链金融应用健康、有序发展。

相关链接 <

央行数字货币研究所落地贸易金融区块链平台

据网易新闻消息，2020年9月28日，中国人民银行数字货币研究所与上海市长宁区人民政府在沪签署战略合作协议，双方将共同打造高品质金融科技功能平台和区块链技术应用示范区，助力上海金融科技中心建设。根据协议，双方将成立上海金融科技公司，集聚技术、人才、场景和服务优势，逐步实现贸易金融区块链平台和技术研发中心落地。此举是人民银行数研所推动贸易金融区块链平台生态建设和全国布局的重要环节，也是长宁区立足区位优势和产业特色，紧密对接上海金融科技中心建设的重大举措。

第三节　金融科技的应用实践

金融科技在企业中的应用实践日趋成熟，这些新兴技术是相互关联和促进的。一方面，银行、保险等传统金融业依靠这些技术推动自身转型发展；另一方面，技术创新也催生了智能投顾、供应链金融、消费金融、第三方支付、监管科技等新兴领域。

金融科技正以迅猛发展的态势重塑金融行业生态，"无科技不金融"已成为金融行业的共识。例如，工商银行通过开放平台API和金融生态云双轮驱动，将1000多项金融服务开放给2000多家生态合作伙伴，实现将支付、融资、理财等金融产品无缝嵌入到教育、医疗、出行、政务等民生消费和企业生产场景；中国银行以"金融融入生活"为核心理念，打造新金融、新零售和新生活的跨界综合金融业态；建设银行积极打造人工智能、区块链、物联网等服务平台，提升"5G智能银行"服务功能；中国平安通过"金融+科技"双轮驱动战略；蚂蚁科技集团、京东数科、360数科等为代表的金融科技公司在助力金融机构数字化转型、小微企业等方面也发挥了重要作用。

上面例子都进一步表明金融与科技的多点融合和跨界融合已成为趋势，以大数据应用为核心驱动力，金融科技与智能设备产生更加深度的联系，从而让金融服务更趋于多场景化和智能化。随着新技术的发展与应用以及政府支持产业数字化转型，包括互联网公司、持牌金融机构、金融科技公司、AI公司等都希望帮助金融机构输出自己的经验。如图8-2所示。

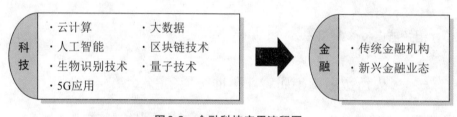

图8-2　金融科技应用流程图

案例1：中国平安通过"金融+科技"双轮驱动战略

目前，中国平安通过"金融+科技"双轮驱动战略，致力于成为国际领先的科技型个人金融生活服务集团，在确保金融主业稳健增长的基础上，紧密围绕主业转型升级需求，持续加大科技投入，不断增强"金融+生态"赋能的水平与成效，支撑"金融服务、医疗健康、汽车服务、房产服务、智慧城市"五大生态圈建设。

2019年初，平安集团更新了品牌LOGO，科技赋能金融的战略"蝶变"凸显出其金融服务实体经济的决心。新版LOGO底部的"保险·银行·投资"更换为"金融·科技"。"金融+科技"双驱动战略旨在通过科技驱动平安在金融、医疗行业不断创新。同时，向其他金融机构、医疗机构输出新科技，提升效率，获得轻资产的收入来源。

目前人工智能、区块链、云计算三大核心技术已广泛应用于客户经营、渠道管理、客户服务和风险管控等场景中，极大提升了业务价值，并成功孵化出如陆金所控股、金融壹账通、平安好医生、平安医保科技等一系列金融科技和医疗科技平台，且已对外输出核心技术服务。借助三大核心技术推动业务快速增长，平安的综合竞争力得到持续提升。

案例2：蚂蚁集团打造创新型科技企业

蚂蚁科技集团股份有限公司（简称蚂蚁集团）是一家旨在为世界带来普惠金融服务和数字生活新服务的创新型科技企业。蚂蚁集团是中国最大的移动支付平台支付宝的母公司，也是全球领先的金融科技开放平台，致力于以科技推动包括金融服务业在内的全球现代服务业的数字化升级，携手合作伙伴为消费者和小微企业提供普惠、绿色、可持续的服务，"为世界带来微小而美好的改变"。

蚂蚁集团起步于2004年成立的支付宝。2013年3月支付宝的母公司宣布将以其为主体筹建小微金融服务集团，小微金融成为蚂蚁金服的前身。依靠移动互联、大数据、云计算为基础，成为中国践行普惠金融的重要实践。蚂蚁集团旗下有支付宝、余额宝、招财宝、蚂蚁聚宝、网商银行、蚂蚁花呗、芝麻信用等子业务板块。

蚂蚁集团在科技领域的战略布局明显加速。2020年6月，其自研分布式数据库OceanBase成立公司独立商业化运作；6月底，蚂蚁集团完成更名，从蚂蚁金服变为蚂蚁科技集团股份有限公司，强化科技公司定位；7月，全新推出"蚂蚁链"，加速推动区块链从前沿技术发展成科技产业，并融合其他技术构建价值网络。

案例3：京东数科为客户提供全方位服务

京东数科是一家全球领先的数字科技公司，致力于为金融机构、商户与企业、政府及其他客户提供全方位数字化解决方案。公司以大数据、人工智能、云计算、区块链等新一代信息技术为基础，为客户提供"科技（Technology）+产业（Industry）+生态（Ecosystem）"的全方位服务，打造产业数字化"联结（TIE）"模式。

截至2020年6月末，在金融机构服务领域，京东数科已为超600家包括商业银行、保险公司、基金公司、信托公司、证券公司在内的各类金融机构提供了多层次、全方位数字化解决方案；在商户与企业服务领域，已为超100万家小微商户、超20万家中小企业、超700家大型商业中心等提供了包括业务和技术在内的数字化解决方案；在政府及其他客户服务领域，公司以智能城市操作系统为核心产品，服务了超过40家城市公共服务机构，已建立庞大的线下物联网营销平台，拥有自营和联盟媒体点位数超过1500万，覆盖全国超过300座城市以及6亿多人次。

京东数科还参与了多个国家级重大科研项目，包括2019年牵头承担科技部国家重点研发计划项目"国家中心城市数据管控与知识萃取技术和系统应用"，并陆续参与科技部国家重点研发计划项目"国家新区数字孪生系统与融合网络计算体系建设"、工信部公共服务平台建设项目"面向人工智能创新应用先导区的应用场景公共服务平台建设"、国家自然科学基金委国家自然科学基金国际合作项目"大数据驱动的智慧城市服务运营管理——基于系统耦合的视角"等国家级科研项目等。

 相关链接 ‹ ···

第十四届中国支付与场景金融（银行）大会召开

"第十四届中国支付与场景金融（银行）大会2020"于2020年10月29～30日在上海召开，由上海士研管理咨询有限公司主办，大会的主题：融合、开放、创新。

过去数年间，支付方式经历了天翻地覆的变化，在国内，支付宝和微信支付两大巨头仍旧凭借自身的生态优势垄断市场。为了实现差异化发展，银行、卡组织和第三方支付企业更为重视场景下的支付，推出符合场景实际需求的服务，比如，基于NFC的智慧停车场景大大提高了支付效率，提升了用户体验；聚合支付服务商为跨境电商提供一站式解决方案。在行业逐步转型的同时，2020年，央行数字货币落地苏州进行场景测试，一时间成为整个金融行业的关注焦点，金融生态是否会就此改变，新的发展浪潮是否即将来临？在此背景下，第十四届中国支付与场景金融（银行）大会将聚集300余位来自政府、协会学会、商业银行、卡组织、第三方支付企业、金融科技公司、解决方案供应商等的领导和专家共聚上海，一同探讨行业政策和发展趋势，交流行业技术发展和场景应用经验，寻找合作机会，共同推动产业转型发展。

参考文献

[1] 于佳宁，毛晓君. 区块链赋能数字经济与实体经济深度融合 [N]. 经济日报，2019-11-22(12).

[2] 陈晓东. 促进数字经济与实体经济融合发展 [N]. 经济日报，2020-06-17(11).

[3] 张汉青. 产业区块链发展将迎来爆发期 [N]. 经济参考报，2020-06-11(A06).

[4] 王一鸣. 数字经济启动发展新引擎（新论）[N]. 人民日报，2020-07-28(05).

[5] 李仪，徐金海. 数字经济的内涵、特征与未来 [N]. 上海金融报，2019-01-07.

[6] 苏晓. 近五年数字经济对经济增长贡献率在 50% 以上 [N]. 人民邮电报，2020-08-31（03）.

[7] 史丹. 新基建加速我国经济由大向强转变（人民要论）[N]. 人民日报，2020-04-08(09).

[8] 政武经. 新型基建助力数字经济高质量发展 [N]. 经济日报，2020-05-08(11).

[9] 马梅若. 数研所推出贸易金融区块链平台 提升贸易融资效率 助力经济快速发展 [N]. 金融时报，2020-09-10.

[10] 黄锐. 区块链技术如何赋能智能制造？ [EB/OL]. 2020-06-18.http://www.woshipm. com/blockchain/3972592.html.

[11] 高维智造. 关于智能制造与区块链的若干思考 [EB/OL]. 2018-01-16.http://mp.ofweek. com/gongkong/a145663620826.

[12] 付一夫，赵一洋. 资产荒背景下的"区块链＋供应链金融"新希望 [EB/OL]. 2019-01-09. http://www.woshipm.com/it/1823410.html.

[13] 柔情一笑天. 区块链在医疗中的应用有哪些？ [EB/OL]. 2020-07-12. https://www. aiiaw.com/4632.html.

[14] 郭昆山. 制造业数字化转型的实战路线图 [DB/OL]. 2019-08-29. https://mp.weixin. qq.com/s/Ff3X0aSvDfWGDbB9bw9QJw.

[15] 普华永道.【金融视点】保险业数字化转型：从焦虑到乐观[DB/OL]. 2019-04-11. https://mp.weixin.qq.com/s/2g6XG4SWy4hpHhpZV7rVbg.

[16] 毕玉国，张勇，刘迅，於勇成.数字化转型引领证券行业高质量发展新方向[EB/OL]. 未央网，2020-06-24.

[17] 王丽娟.商业银行数字化转型"三步走"[EB/OL].中国银行保险报网，2020-02-12.

[18] 李林鸾.互金协会会长李东荣：金融数字化转型应注意与产业数字化转型同频共振 [EB/OL].中国银行保险报网，2020-08-22.

[19] 数字经济智库.中国新零售之城竞争力[R].北京：数字经济研究院，2018.

[20] 前瞻产业研究院.2020年中国数字经济发展报告[R].北京：前瞻产业研究院，2020.

[21] 中国信息通信研究院.中国数字经济发展白皮书（2020年）[R].北京：中国信息通信研究院，2020.

[22] 温晓君，陆峰，张金颖，苏廷栋，李雅琪，石岩，张甜甜，王丽丽."新基建"发展白皮书[R].北京：赛迪智库电子信息研究所，2020.

[23] 胡青.乡村振兴背景下"数字农业"发展趋势与实践策略[J].中共杭州市委党校学报，2019(5).

[24] 胡雯.中国数字经济发展回顾与展望[J].网信军民融合，2018，000(006)：18-22.

[25] 赵晓明.区块链技术在医疗健康领域的应用与展望[J].产业与科技论坛，2019，018(004)：73-75.